Theodor Fontane

„Eine Zeitungsnummer lebt nur 12 Stunden“

W DE G

Theodor Fontane

„Eine Zeitungsnummer lebt nur 12 Stunden“

Londoner Korrespondenzen aus Berlin

ausgewählt und herausgegeben von

Heide Streiter-Buscher

Walter de Gruyter · Berlin · New York
1998

♾ Gedruckt auf säurefreiem Papier,
das die US-ANSI-Norm über Haltbarkeit erfüllt.

Die Deutsche Bibliothek – CIP-Einheitsaufnahme

Fontane, Theodor:
„Eine Zeitungsnummer lebt nur 12 Stunden“ : Londoner Korrespondenzen aus Berlin / Theodor Fontane. Ausw. und hrsg. von Heide Streiter-Buscher. – Berlin ; New York : de Gruyter, 1998
ISBN 3-11-015804-3

Printed in Germany

Satz und Druck: Arthur Collignon GmbH, Berlin
Buchbinderische Verarbeitung: Lüderitz & Bauer GmbH, Berlin

Zeitung

Wie mein Auge nach dir späht,
Morgens früh und abends spät,

Die besten Plätze sind alle leer,
Was noch lebt, gefällt mir nicht mehr.

Aber wie sie mogeln und sich betören,
Davon mag ich noch gerne hören.

Wie sie sich zanken und sich verhetzen,
Ist mir gar nicht zu ersetzen,

Stöcker, Hammerstein, Antrag Kanitz,
Edler zu Putlitz und Edler von Planitz,

Liu-Tang und Liu-Tschang,
Christengemetzel am Yang-tse-Kiang –

Wie sie mogeln und sich betören,
Davon will ich tagtäglich hören.

Will mir, wenn sie ganz arg es treiben,
Vor Vergnügen die Hände reiben,

Und will aus dem Leitartikel erfahren
Die Gedanken des Sultans oder des Zaren.

Vielleicht entbehrt es des rechten Lichts,
Aber enfin; das schadet nichts,

Im ganzen ist es doch immer noch besser,
Als ein Weisheitsschnitt mit eignem Messer,

Und nichts kann mich so tief empören,
Als auf Zeitungsschreiber schimpfen zu hören.

Da stehn sie mit hochgetragnen Nasen:
„Aus deiner Zeitung – das sind ja Blasen,

Die Kerle, die's schreiben, halb Füchse, halb Hasen.
Und was sie schreiben, sind elende Phrasen."

Aber nehmt uns die Phrasen auch nur auf drei Wochen,
So wird der reine Unsinn gesprochen,

Und du – du suchst wohl krampfhaft zu lachen –
Du würdest keine Ausnahme machen.

Theodor Fontane, 1895

Inhalt

Vorwort XI

1860

Der Sommer und die Themse. Das London der Zukunft . . 1
Zwei Briefe an Mr. Bright 6
Die Nation der „Löwenherze“ 8

1861

Ein Winterfest 11
Halsbrechende Kunststücke. Preußen und Blondin 14
Ein erneuter Versuch. Der own correspondent im Weißen Saal.
Von zwei Übeln wähle das kleinste 18
Hitze, Saison und Parlament 21
Das große Feuer und die Taschendiebe 23
Gegensätze und Inkonsequenzen.
Die William-Turner-Galerie 27
Das Shakespeare-Haus in Stratford 30
Der große Meerestunnel zwischen Dover und Calais 33
Die schottische Zigeunerkönigin 36

1862

Feuerlösch-Ordnung 38
Das Haus der Lords und die Adelsgeschlechter 41
Die Hartley-Grube. Schlechte Bau-Polizei und
Häusereinstürze 45
Magdalenen-Institut 48
Noch einmal die Magdalenen-Institute. Gute Sitte 50
Die unterirdische Eisenbahn 52
Über Teehandel und Teetrinken 57
Der Yelverton-Prozeß. Miß Longworth oder Mrs. Yelverton?
Schottische und irische Ehe 60

Einiges über Schotten und Iren. Die Hochländer nur noch in Sage und Dichtung; der Irländer eine Wirklichkeit. Ein irisches Steeple-chase 64

1863

Politische Tartüffes 68
Anna Wolkley. Einiges über black-holes in London. Die alte Komödie 71

1864

Die Explosion zu Erith. Auf einem Vulkan. Themsewasser . 75
Mr. Gladstone und die Penny-Blätter. Londoner Trinkwasser 79
Remember, Remember! Der Organismus ein Eckstein. . . . 82

1865

Die Bourgeoisie und die Arbeiter. Was John Bright den Arbeitern gönnt und was nicht. Die Blaubücher des Elends 84
Irische Auswanderung und parlamentarischer Eifer 89
Der Whipper-in und die Pluralisten 91
Neue Gaunerstückchen 94
Zum Derby-Tag 96
Ein Lachs in der Themse 100
To the sea-side. Das Kabel 101
Eine Fahrt in der Luftdruck-Eisenbahn 104
Rinderpest und Fleischpreise 106
Boxing-day. Vergnügungsunfähig. Dr. Lancasters Weihnachts-Rapport 108

1866

Eine Nacht im Armenhause 112
„O Mutter, so was hab' ich nie gesehn" 114
Der Baron of Beef in Gefahr. Die Kaninchen rücken an. „Zivilisation ist Ökonomie der Kraft." Die schwarzen Diamanten 116

Reformbill und Derby-Rennen. Eine „Kunst des Arretierens" 119

1867

Wunsch nach einem geliehenen Präfekten.
In den Schnee geschrieben 121
Der „Cousin aus der Provinz". Der Schirm 124
Arbeiter-Feme in Sheffield 128
Das Tory-Kabinett und Irland 133
Die schwindende Betäubung. Vorschläge zu Friede und
Versöhnung. Londoner Nebel 135

1868

Reaktion gegen die Fenierfurcht. Not im Ost-End.
Baby-Farming. 1000 Lstr. im Klingebeutel 141
Reform im Schulwesen. Mr. Lowes Vorschläge.
„John Bull" und das Reisejournal der Königin 144
Entdeckungsreisen in englischen Schulen 147
Lord Cardigan 153

1869

Langeweile in Sicht. Der Rheumatismus des Hauses 157
„Der Verräter O'Sullivan" 160
Verschämte Velozipedisten 162
Engländer und Rheinreise 164

1870

Die irische Landbill und das Clanwesen 165
Der Nabob 168
Verfall der Sitten 170

Anmerkungen 173

Abbildungsnachweis 221

Vorwort

„Eine Zeitungsnummer lebt nur 12 Stunden." Dieser Satz aus einer „unechten" Zeitungskorrespondenz Theodor Fontanes „aus" London vom 18. März 1865 beleuchtet blitzartig eine Seite seines Lebens, die ihn wesentlich geprägt und sein gesamtes literarisches Schaffen nach 1870 – erst danach erschien sein erster Roman – stark beeinflußt hat. Der Journalist Fontane hätte einen solchen Satz als Motto über seine Londoner Journalistenjahre, vor allem aber über das Jahrzehnt seiner Mitwirkung an der politischen Redaktion der „Neuen Preußischen Zeitung", der sogenannten „Kreuzzeitung", in Berlin setzen können. Das Aktualitätsgesättigte, zeitlich Komprimierte und tagespolitisch Kurzlebige schwingt darin. Es ist wie der Stoßseufzer eines Mannes, der dem Journalistenberuf lebenslang wie in einer Art von Haßliebe verbunden war, auch dann noch, als er im Roman die sublimere und freiere Form für das ihm Mitteilenswerte gefunden hatte.

Das „Fontane-Jahr" 1998 – der Tod des Dichters am 20. September 1898 sammelt unser Erinnern – beschert den Freunden seines Denkens und seiner Sprache eine Vielfalt von Büchern, Aufsätzen und Illustrationen, die den Literaten, den Kunst- und Theaterkritiker, den Menschen Fontane im Werdegang eines langen Lebens beschreiben, würdigen, manchmal auch trivialisieren. Der politisch-konservative Fontane bleibt merkwürdig blaß in all diesen Lebensbildern. Der Redakteur Fontane trifft sich in den Augen der meisten seiner Interpreten nur ungern mit dem Dichter des „Stechlin". Es gibt Gründe dafür. Die vor zwei Jahren wiedergewonnene Verfügbarkeit seiner unechten „Kreuzzeitungs"-Korrespondenzen macht die Auseinandersetzung mit dem Thema unausweichlich.

Was sind „unechte Korrespondenzen", und was verband Fontane mit der „Kreuzzeitung"? Heute finden wir es selbstverständlich, daß der Auslandskorrespondent einer Tageszeitung tatsächlich dort sitzt, von wo aus er berichtet. Ganz anders in jenen Jahren des 19. Jahrhunderts. Fontane saß von 1860 bis 1870 als Redakteur der „Kreuzzeitung" in Berlin und schrieb dort, gestützt auf aktuelles Nachrichtenmaterial des In- und Auslands, Artikel mit der Ortsangabe „London". Andere Redakteure berichteten in dieser Weise „aus" Paris oder beispielsweise „aus" Rom. Nicht nur die Berichtsorte waren fiktiv, sondern fiktiv konnten auch die Abfassungsdaten solcher „Korrespondenzen" sein, d. h. der Redakteur konnte mit solchen Daten informationstaktisch operieren, solange er damit nicht in Widerspruch zum Datum des Erscheinens in der „Kreuzzeitung" geriet. Nur dies Erscheinungsdatum war real.

Das System der Materialbeschaffung war vielfältig und verzweigt. Es ermöglichte dem „unechten" Korrespondenten die Ausnutzung geeigneter Quellen zu jeder Zeit an jedem Ort. Urheberrechtlichen Autorenschutz gab es noch nicht. Ein versierter Redakteur brauchte unter Umständen nichts weiter als den aktuellen Zugriff auf einige bedeutende deutsche Zeitungen, um einen Artikel zum Beispiel „aus" London schreiben zu können. Die „Kölnische Zeitung" und die „Nationalzeitung" etwa waren mit ihren Nachrichten über Großbritannien oft schneller als andere Blätter und eigneten sich deshalb besonders gut als vielerorts verfügbare Quellen. Vorrangig aber bediente sich Fontane der Londoner „Times", der lithographierten „Englischen Correspondenz" Max Schlesingers aus London und der vor allem unter Bismarck wirkmächtigen Informationsmaterialien, mit denen namentlich regierungsnahe Zeitungen beeinflußt wurden. Diese Kultur fiktiver Auslandskorrespondenzen war damals weit verbreitet und bei Blättern von der Größenordnung der „Kreuzzeitung" (Auflage 6000 bis 7000) die Regel.

Fontanes Redakteurszeit bei dem erzkonservativen Blatt war kein biographischer Zufall, sondern eine bewußte, wenn auch anfangs nur halb überzeugt getroffene persönliche Entscheidung, gemischt aus Motiven der Brotsuche und einer zögernden politischen Bereitschaft. Sie ist zu verstehen vor dem Hintergrund der schwierigen Situation Fontanes nach seiner Rückkehr aus England, wo er in den fünfziger Jahren als „echter" Korrespondent für verschiedene preußische Tageszeitungen, auch für die „Kreuzzeitung", journalistisch tätig gewesen war, und der sich abzeichnenden staatlich-gesellschaftlichen Veränderungen in Preußen. Was ihn dann bei der Zeitung und auch bei deren konservativer Linie hielt, umkreist ganz wesentlich die Gestalt Bismarcks und Fontanes Traum vom alten Preußen, der ihn bis ins Alter nicht losgelassen hat. Die Fontane-Forschung hat den Konservatismus ihres Protagonisten jahrzehntelang zu leugnen versucht; sie ist teilweise auch jetzt noch nicht frei davon, obwohl zahlreiche Selbstzeugnisse des Dichters, vor allem Briefe, diesen Konservatismus zweifelsfrei belegen.

Allerdings hat Fontane selbst in seiner Altersbiographik alles getan, um das „Kreuzzeitungs"-Kapitel in seiner prägenden Bedeutung herunterzuspielen. Wer entsprechende Passagen in „Von Zwanzig bis Dreißig" (erschienen 1895/1898) liest, muß und soll offenbar den Eindruck gewinnen, die Jahre als „Kreuzzeitungs"-Redakteur seien die „allerglücklichsten" gewesen, ruhig, ohne allzuviel Textanstrengung, mit hinreichend freier Zeit für literarische Arbeit (z. B. „Wanderungen durch die Mark Brandenburg“), ohne besonderes politisches Engagement. Fontane hatte persönliche Gründe dafür, seine frühere Nähe zu einem Blatt zu retuschieren, das inzwischen durch Skandale und steigenden politischen Extremismus keine seriöse Referenz mehr darstellte und gegen Ende des Jahrhunderts nur noch ein Schatten seiner alten Bedeutung war. Dies kann den späten autobiographischen Balanceakt zwischen Offenheit und Verschweigen zwar erklären, aber nicht darüber hinwegtäuschen, daß Fontanes briefliche Selbstzeugnisse aus den „Kreuzzeitungs“-Jahren und unmittelbar danach sowie andere Dokumente wie der erst in jüngster Zeit aufgetauchte Wahlzettel über die konservative Wahlmannkandidatur des Dichters vom Frühjahr 1862 eine andere Sprache sprechen. Fontane war als „Kreuzzeitungs“-Redakteur ebenso politisch engagiert wie voll ausgelastet. Was er daneben in eigener Sache schreibend zustande brachte, mußte er, obwohl nominell nur teilzeitbeschäftigt, dem Tag abringen. Man lese dazu Briefe aus jener Zeit an seine Frau Emilie oder an Mathilde von Rohr, in denen er beredt Klage über seine „Tretmühle“ führt.

Das Gesamtbild ergibt sich jedoch erst aus den Originaltexten der „Unechten Korrespondenzen“ selbst, insbesondere aus dem „englischen“ Artikel der „Kreuzzeitung“, jenen fortlaufenden Berichten „aus“ Großbritannien also, für die Fontane zehn Jahre lang als Redakteur verantwortlich war. Es handelt sich um politischen Journalismus im Dienste einer Zeitung nahe der konservativen Regierungsmacht und unter den restriktiven Bedingungen einer regierungsgelenkten Presse- und Informationspolitik. Deshalb sind diese Texte nicht mit literarischen Maßstäben zu messen und widersetzen sich naturgemäß der Suche nach dem spezifischen Ton des späteren Romanciers Fontane. Die Korrespondenzen erschienen im politischen Teil der Zeitung, nicht im Feuilleton. Sie bieten Berichte über tatsächliches gesellschaftlich-politisches Geschehen und dessen Bewertung aus Fontanes Sicht. Im Gewande von Auslandsbetrachtung sind sie – ein besonders interessanter Effekt – zugleich Ort symbolhaft-verdeckter Kritik an inländischen, vor allem: preußischen, Verhältnissen. Die im vorliegenden Auswahlband versammelten Texte mögen einen ersten Eindruck von Inhalt und Stil dieser Korrespondenzen vermitteln. Berücksichtigt ist vor allem das über die Tagespolitik hinaus auch heute noch Interessante, für unser Fontane-Bild, aber auch für jene Zeit selbst.

Der Leser sollte sich den Texten jedoch nicht ohne ein Bewußtsein der editorischen Schwierigkeit zuwenden, die mit der Signatur der einzelnen Artikel verbunden war. Kein Artikel ist namentlich gezeichnet, die Kennzeichnung geschah vielmehr, wie damals allgemein üblich, durch bestimmte Siglen, die auch wechseln konnten. So trat an die Stelle der Sigle *†*, unter der Fontane schon in den fünfziger Jahren Artikel für die „Kreuzzeitung" verfaßt hat, ab 1864 ganz überwiegend die Sigle p*/P*, zu der 1868 noch die Sigle Qs hinzukam. Die unbestrittene Redakteursverantwortung Fontanes während des gesamten Jahrzehnts und die Tatsache, daß die Siglen nach seinem Ausscheiden aus der Redaktion nicht mehr verwendet wurden, lassen keinen Zweifel an der Authentizität. Wo in Einzelfällen aus zeitlichen oder sonstigen Gründen Unklarheiten bestanden, war es möglich, die Zuschreibung zu Fontanes Feder über die Analyse sprachlicher und inhaltlicher Eigentümlichkeiten des Autors zu sichern; man kann hier Vergleiche mit seinen „echten" Londoner Texten aus den fünfziger Jahren und seinen Kriegsbüchern (1864, 1866) ziehen, bei denen die Autorschaft keiner weiteren Sicherung bedarf.

Als Fontane die „Kreuzzeitung“ im Jahre 1870 verließ, war er ein Mann von fünfzig Jahren, reich an politischer, aber auch an sozialer Erfahrung. Alle seine Romane waren noch ungeschrieben. Im Rückblick jedoch sehen wir, daß in ihnen die Erfahrungswelt des Autors aus seiner Zeit als Journalist in sublimer Weise aufgearbeitet ist. Der Romancier Fontane ist ohne den politischen Journalisten Fontane nicht denkbar. Die Wechselbezüge zwischen beiden Lebens- und Schaffensphasen, jetzt auch im Spiegel seiner erstmals wieder vorliegenden „unechten“ Korrespondenzen, schärfen das Bild des Dichters und eröffnen neue Möglichkeiten der Forschung. Professioneller Beobachter, der er war – er wird sich mit unserer fortdauernden Neugier abfinden müssen.

Heide Streiter-Buscher

1860

Der Sommer und die Themse
Das London der Zukunft

† London, 22. August

Die Leitartikel unserer großen Zeitungen beweisen täglich *zwiefach*, daß wir in einer politisch-fruchtbaren Zeit leben; sie beweisen es durch das, was sie bringen, aber noch mehr fast durch das, was sie *nicht* bringen. Alle die alten Lieblingsthemata, die sonst die letzten Sommermonate ausfüllen, fehlen entweder ganz oder müssen sich mit Plätzen begnügen, wie sie Gästen in einem überfüllten Hotel zuteil zu werden pflegen. Drei Sommer lang haben die Ungezogenheiten der *Themse* (die Wordsworth vor 50 Jahren noch besang, die seitdem aber keinen Dichter mehr gefunden hat) den Stoff zu unzähligen Leitartikeln hergeben müssen; aber der Raum, den Delhi und Lucknow, den selbst Magenta und Solferino nicht völlig in Anspruch nahmen, er fehlt in diesem Jahre, wo das rote Kamisol Garibaldis als Fahne weht und die Drusen-Scheiks nicht nur Städte und Dörfer, sondern auch Zeitungsspalten rücksichtslos verschlingen. Wie heiter stimmte es sonst, wenn wir von der Königin und dem Hofe lasen, daß sie, die Köpfe in riesige Bouquets begraben, eine Themsefahrt *gewagt* hätten, oder wenn wir von dem Gerüchte hörten, daß das Parlament nach Oxford, in die Mitte des Landes verlegt werden müsse, wie beim Andringen einer feindlichen Armee. Solche heitere Zwischenspiele werden uns diesmal vorenthalten, und zwischen Syrien und Neapel

Fortschritt der Bauarbeiten am südlichen Themse-Quai bei Lambeth

Ausbau der Uferbefestigung der Themse, gesehen vom Dach des King's College

schwingt der politische Pendel im ermüdenden Gleichtakt hin und her. Kaum daß die Papiersteuerfrage das monotone Konzert mit wohltuender Disharmonie durchschrillt. Das Themse-„Excitement" schweigt; aber während zum ersten Mal seit Jahren die *Worte* gespart werden, *geschieht* etwas. Es pflegt auch anderwärts so zu sein. Kein Leitartikelschreiber spielt graziös mit dem verfänglichsten aller Themata oder präsentiert mit einem „noch ein Sträußchen" die reizendsten Blumen des Witzes und der guten Laune an die immer neu entzückten Leser; aber während die literarischen Hände feiern, rüsten sich schon die Hände von Steinmetz und Maurer, um dem schönen London (schön im großen Stil) das letzte zu geben, was seiner Schönheit fehlt – einen *Themse-Quai*. Möglich, daß neue Verzögerungen eintreten, aber schwerlich auf lange; denn nicht Luxus und Hang nach Verschönerung werden endlich diesen Quai ins Leben rufen, sondern der Zwang und die bittere Not. Seine allernächsten Zwecke gehen dahin, einen mächtigen Quader-Damm an beiden Ufern zu schaffen, der einerseits eine Cloaca maxima bis weit vor die entlegensten Ausläufer Londons führen, andererseits das Bett der Themse so eindämmen soll, daß auch bei niedrigster Ebbe immer noch Wasser zwischen den beiden Quader-Ufern bleibt. Hierdurch werden die beiden Hauptübelstände beseitigt werden, die zur Zeit darin bestehen, daß nicht nur die Abzugs-Kanäle (die sogenannten sewers) *innerhalb* Londons in die Themse einmünden, sondern namentlich auch darin, daß bei eintretender Ebbe alles das auf dem breiten Sand- und Uferstreifen liegen bleibt, was von dem Schoß und Zins, den 3 Millionen Anwohner tagtäglich an die Themse zahlen, durch die letzte Flut nach London *zurückgestaut* worden ist. Dies ist die eigentliche partie honteuse; nicht der Fluß und sein Wasser, sondern die Sandbank, auf der die Ebbe alle zwölf Stunden den Londonern die Tafel deckt. Die Quais werden sich auf ebendiesem Uferstreifen erheben und so die Themse zu einem mächtigen Canale machen. Der Raum, der dadurch gewonnen wird, ist sehr bedeutend, und wird die Mittel hergeben, dem Nützlichen, dem Zuträglichen das Schöne und Imposante hinzuzufügen. *Auf* diesen Quais wird sich ein neues London erbauen. Was das Alsterbassin für Hamburg, der Markusplatz für Venedig ist, das werden diese Quais, nur in unendlich erweitertem Maßstab, für London werden. Hotels und Paläste werden sich hier erheben, und wenn zur Ausführung auch nur ein kleiner Teil der Pläne kommt, die vor Jahren schon die Manchester-Ausstellung schmückten, so wird das kommende Jahrhundert hier eine Einfahrt sehen, wie sie bisher nur die Phantasie eines William Turner geschaffen hat, wenn er Karthago und die heimkehrende Flotte einer Dido malte.

Zwei Briefe an Mr. Bright

† London, 6. Oktober

Es liegt mir eine englisch geschriebene, aber in Paris gedruckte und deshalb mit vielen tausend Druckfehlern ausgestattete Broschüre oder Ansprache vor, worin ein *serbischer* Student sich an den großen Zivilisations-Advokaten Mr. *Bright* wendet und seine mächtige Rednergabe (in und außer dem Parlament) für die türkische Rajah, d. h. also für die vielen Millionen Christen in Bosnien, Serbien und Herzegowina in Anspruch nimmt. Die Ansprache geschieht in zwei Briefen, von denen der eine von Berlin, der andere von der serbischen Heimat des Briefstellers aus geschrieben ist. Der Inhalt der Briefe, in denen sich ein lebhaftes patriotisches Empfinden und ein begreiflicher Haß, untermischt mit Verachtung, gegen die türkischen Unterdrücker ausspricht, bringt wenig neues Material, und Mr. Bright, wenn er der Aufforderung nachkommen sollte, wird schwerlich Stoff für eine lange Reihe von speeches daraus entnehmen können; einige Gedanken und Anschauungen indes sind wo nicht neu, doch beherzigenswert. Ich gebe ein paar solcher Stellen. Der Serbe sagt: „Wir verlangen keine Hülfe von Europa; wir verlangen nur, daß uns Europa gewähren läßt, daß uns Österreich oder England nicht in den Arm fällt, wenn wir ihn zu unserer Befreiung erheben. Wir bedürfen nicht der Hülfe Europas, nur Waffen brauchen wir; man erwirke uns das Recht, Waffen zu tragen und wir werden unabhängig und gefürchtet sein wie (!) die Montenegriner ... Man hat uns vorgeworfen, wir seien unter 400jähriger Sklaverei demoralisiert und unfähig, uns selbst zu regieren; aber man sollte das eine nicht vergessen, daß wir während derselben 400 Jahre am Evangelium festgehalten und der Verlokkung zum Übertritt, der uns Freiheit gewährt hätte, widerstanden haben. Solche Treue und Ausdauer wachsen nur auf gutem Boden ... Von der englischen *Regierung* erwarten wir nichts, sie war immer falsch und grausam, selbstsüchtig und rücksichtslos; aber wir erwarten viel von den Sympathien des englischen *Volkes*. Wir kennen die Macht der öffentlichen Meinung in Ihrem Lande. Das englische Volk hat für die Lombarden und die Sizilianer, die nur einen *politischen* Druck zu tragen hatten, Partei ergriffen, und die Sache eines armen Judenknaben ist monatelang mit Eifer verfochten worden – sollte ein vom Erbfeind der Christenheit unterdrücktes Volk nicht gleicher Sympathien und gleicher Anstrengungen würdig sein? ... Die Furcht vor Rußland (unbegründete, wie ich meine) bestimmt die Politik West-Europas in dieser Frage; soll ewig der Halbmond statt des Kreuzes auf der Sankt Sophia ragen, weil das Testament Peters des Großen mit seinen apokryphen Paragraphen in den Ohren englischer Staatsmänner klingt?" – So weit unser serbischer Student. Wird Mr. Bright diese Frage in „Entreprise" nehmen? wird er wie für China und Parlaments-Reform, so für Serbien und Christentum eintreten? Ich bezweifle es. Die Türkei scheint für die englischen Politiker aller Farben das noli me tangere zu sein; man will die Kugel nicht rollen lassen, von der man nicht weiß, ob sie auf rot oder schwarz fällt und wer der Gewinner sein wird.

Die Nation der „Löwenherze“

† London, 18. Oktober

Die Engländer versichern einem mit jenem ehrlichen Gesichts-Ausdruck, den nur eine wirkliche Überzeugung leiht, „daß sie nicht eitel seien“. Sie sind stolz auf ihren Stolz, sie sprechen mit Bewußtsein von ihrem Selbstbewußtsein; aber man kränkt sie, wenn man nur eine Andeutung fallen läßt, daß ein englisches Herz auch Eitelkeit beherbergen könne. Und doch sind sie *sehr* eitel. Wenn in *anderen* Städten und Ländern Regimenter mit klingendem Spiel vorüber ziehen, so laufen die Leute ans Fenster und rufen „unsere Soldaten“ und folgen ihnen mit Ohr und Auge nach; in *England* lächelt der Philister befriedigt vor sich hin und brummelt zwischen den Zähnen: „gallant fellows“ (tapfere Jungen). Ziehen die gallant fellows wirklich in den Krieg, so avancieren sie gleich nach der ersten Schlacht und nehmen en masse den Namen „heroes“ an: „die Heroen von Waterloo“, „die Krim-Heroen“ etc. Diese Dinge treten im englischen Volksleben mit einer Konsequenz auf, daß es unmöglich ist, dabei von bloßem Zufall zu sprechen. Mit Geflissentlichkeit wird der Glaube genährt, daß jeder Engländer ein Blutsverwandter von Richard Coeur de Lion sei. Geschichtsschreiber und Presse tun das Ihrige, um diesen Glauben lebendig zu erhalten. Die etwaige Feigheit des einzelnen oder einer Gesamtheit wird so lange verdeckt, als sie sich verdecken läßt; schwindet aber die Möglichkeit der Geheimhaltung, so statuiert man ein Exempel und kleidet die Verurteilung in solche Zornesworte, als wäre dergleichen nie vorher geschehen. Die höchste Entrüstung soll die Seltenheit des Vorkommnisses vor aller Welt konstatieren. Dies Verfahren hat sein Lächerliches, aber freilich auch sein Verdienstliches und

Nachahmenswertes; namentlich können wir *Deutsche* davon lernen. – Diese Bemerkungen drängten sich mir angesichts eines Artikels auf, in dem die *Times* einen neuerdings bei Besteigung des Wienacher Gletschers (in Tirol) verunglückten Engländer eine Art Grabrede hält. Das Mißliche von derlei Unternehmungen wird besprochen und endlich die Frage aufgeworfen, ob solches Aufsuchen der Gefahren nicht als unmoralisch zu verwerfen sei. Die Times räuspert sich bei Aufwerfung dieser Frage, zupft Vatermörder und Manschetten ein wenig hervor und antwortet dann mit Feierlichkeit der Miene des perfekten Gentleman: „nein!" „Unternehmungsgeist und Liebe zur Gefahr – so fährt sie fort – sind ein hervorstechender Zug im Charakter des Engländers und nicht sein schlechtester Zug. *Fremde können das nicht verstehen* (foreigners cannot understand it); sie verstehen das ebensowenig wie unseren Eifer für Cricket-Spiel und Boot-Regatta, oder wie den Umstand, daß unsere Arbeiter auf den Werften lieber sich packen und mit der Faust bekämpfen, als sich belauern und niederdolchen. Die Lust am ‚Sport' steckt uns zu tief im Blut, als daß *wir* sie abtun könnten, lediglich um am Schluß des Jahres die Liste der Unglücksfälle um ein paar Nummern vermindert zu sehen." – Kann man das lesen ohne Heiterkeit? Welche Anschauungen von kontinentalem Leben liegen dem allen zugrunde! Ist es nicht, als steckten *wir* alle hinter dem Kachelofen und schnitzten Klammern und Quirle? Armer Kaiser Max, Du hast umsonst auf der Martinswand gestanden; beklagenswerter Seydlitz, Du bist umsonst unter dem sausenden Windmühlflügel hindurchgeritten; Kießlack, Du Reise-Donquijote, Du hast umsonst Deinen Namen an die höchsten Felsenwände geschrieben; Barth und Overweg und Vogel, warum durstetet ihr in der Wüste und littet Gefahr und Tod? – Die Times, das Organ der „Nation ohne Eitelkeit", hat Jagd und Gefahr, Sport und Unternehmungsgeist als etwas spezifisch Englisches für sich und ihre Landsleute in Anspruch genommen und den Satz in die Welt geschickt: „foreigners cannot understand it".

1861

Ein Winterfest

† London, 3. Januar

Nichts liest sich lieblicher, als eine Sommerschilderung aus Stockholm oder dem skandinavischen Norden. Jeder weiß, daß es eine kurze Spanne Zeit ist, die dem Grün und dem Blumenbunt gehört, und alles strömt hinaus, um nichts einzubüßen von dem spärlich zugemessenen Glück. Fluß und See, so lange unter der Eisesdecke, blicken wieder blau gen Himmel; hundert Boote mit roten Bändern und singenden Mädchen schießen drüber hin, und den grünen Wald-Eilanden geht es zu, wo die weißen Statuen nicht mehr frostig im Schnee, sondern wie lachende Frühlingsgestalten unter dem Grün der Birken und Buchen stehen. Wie in Skandinavien der Sommer, so ist hier in England der Winter ein kurzer und deshalb gefeierter Gast. Der Reiz des Neuen steht ihm zur Seite, und die Eisdecke, die im Norden wie die kalte Hand des Todes auf der Landschaft liegt, hier ist sie wie ein kristallener Spiegel, zu dessen Wunderbildern alles drängt. Die letzten Tage haben uns solchen Spiegel gebracht und auf dem schönen Serpentine-River des Hyde-Park jubelte das schlittenfahrende, schlittschuhlaufende London. Die Tausende, die sich hier tummelten, sie zählten zwar kaum zu jenen Repräsentanten der „Gesellschaft", die während der Frühjahrs- und Sommertage den weichen Sand von Rotten Row auf und ab galoppieren oder in prachtvollen Fuhrwerken, groß und klein, ihre tägliche Corsofahrt auf dem

Nächtliches Wintervergnügen auf dem zugefrorenen Serpentine im Hyde Park

weitgespannten Oval des Hyde-Park beschreiben; andere Elemente waren hier versammelt, und wie es dem bunten Bilde an der Vornehmheit der Erscheinung gebrach, so gebrach es seinen Gestalten auch an jener Grazie und jenem Geschick, das die echten Nordlandssöhne zeigen, sobald sie ein Schlittschuhpaar unter den Füßen fühlen. Aber was diesen Reunions auf dem glatten Parquet des Serpentine-River an Glanz und Grazie auch fehlen mochte, *doch* war es ein bezaubernder Anblick, ein Bild von einer poetischen Heiterkeit, wie man ihr selten auf den Straßen und Plätzen Londons begegnet. Als es zu dunkeln begann, tauchten vielfarbige Lichter am Ufer auf, und während bereits die Sterne am Himmel standen, schossen die Schlitten, deren Damen chinesische Lampen in ihren Händen hielten, wie Blitze über die Eisfläche hin. Blau, gelb, rot leuchtete es phantastisch durcheinander, und das Klingeln der Schlitten von Knightsbridge und Kensington herüber, paßte wie eine leise, märchenhafte Musik zu dem Bilde, dessen Schnee- und Lichterglanz aus einem nordischen „Tausend und eine Nacht“ genommen zu sein schien.

Halsbrechende Kunststücke
Preußen und Blondin

† London, 5. Juni

Die englische Presse hat jetzt die *deutsche Einheit* in Entreprise genommen und schwärmt dafür – fast mehr als wir selber. Schon dies Übermaß von Wohlwollen, dies Besorgtsein für unsere Zukunft sollte uns bedenklich machen. Welche Losung obersten Ortes ausgegeben ist, welcher Plan dabei verfolgt wird, ist schwer einzusehen; jedenfalls dürfen wir es uns nicht anfechten lassen, wenn der Geist Friedrichs d. Gr. beständig zitiert und „der kategorische Imperativ des Krückstocks", als das, was Deutschland not tue, immer wieder und wieder bezeichnet wird. Man sucht umsonst nach stichhaltigen Motiven; der alte Fritz ist keine Lieblingsgestalt im freisinnigen England. Vielleicht sind die hiesigen Zeitungen schon dermaßen amerikanisiert, daß sie einfach für alles plädieren, was, wenn es eintritt, einen guten, ergiebigen *Stoff* verspricht. Und ein solcher wäre für sie ja allerdings gefunden, wenn Preußen die Rolle übernehmen wollte, die ihm von unseren hiesigen Leitartikelschreibern anempfohlen wird. Die Engländer haben eine Vorliebe für das Gewagte, namentlich wenn sie in der glücklichen Lage sind, dem Wagnis – als Zuschauer beiwohnen zu können. Das Zeuge sein, wie *andere* Leute ihre Knochen zu Markte tragen, ist ein Vergnügen, das man sich hier zu allen Zeiten mit Vorliebe gemacht hat und immer wieder macht. Die Insellage begünstigt das. Im Kleinen wie im Großen, die Neigung ist dieselbe. *Jetzt* ist *Blondin* der Seiltänzer der Held des Tages. Die Ferien, die ihm die nordamerikanischen Vorgänge aufgezwungen haben, hat er zu einem Ausfluge nach England benutzt, und statt des Niagara-

Eine Herausforderung für Blondin

Falles sieht jetzt Sydenham und der Kristall-Palast seine Künste. Er hat, unter dem Jubel von Tausenden, auf dem Schlaffseil getanzt und schließlich, beide Beine in einen Sack genäht, über das lange Seil hin Kobolds geschossen. Zustimmend, bewundernd, hat man ihn einmal über das andere einen daring fellow genannt. Wir könnten uns bei der englischen Presse in Gunst setzen, wenn wir, beide Beine in einen Sack genäht, zur bloßen Erheiterung unserer stammverwandten Berater und Einheitsanpreiser, zu ähnlichen Purzelbäumen uns verstehen und den Salto mortale nicht scheuen wollten. Den *Salto mortale*! Das „Excitement" wäre natürlich vollständig, wenn Blondin den *Hals bräche*, und ein zerschelltes *Preußen* wäre für 14 Tage ein kaum minder dankbarer Stoff für die Londoner

Die Seilartistin Blondin überquert die Themse von Battersea nach Cremorne auf einem Drahtseil

Journale! – Aber ich will doch eines nicht vergessen. Blondin hat um die Ehre gebeten, versteht sich immer mit eingenähten Füßen, ein paar wohlgenährte Söhne Albions über das Seil tragen oder karren zu dürfen. Sollten sich Liebhaber dazu finden, so mag sich's *Preußen* noch einmal überlegen, ob es seinerseits den Salto mortale wagen und den bekannten „kühnen Griff" mit all seinen Konsequenzen auf sich nehmen soll.

Ein erneuter Versuch
Der own correspondent im Weißen Saal
Von zwei Übeln wähle das kleinste

† London, 13. Juni

Ich schrieb Ihnen neulich, daß sich die Times für *unser* Wachstum interessiere und von Zeit zu Zeit die kleine, aber wahrscheinlich noch lange aufzuwerfende Frage an Preußen richte: „Ist kein Friedrich der Große da?" Die Times geht seit einigen Wochen in ihrem Wohlwollen weiter und hat sich wenigstens insoweit wieder mit uns versöhnt, daß sie den seit *poor Wilkinson's* Sturz erledigten Posten eines Berliner *„own correspondent"* neu besetzt hat. Die diplomatischen Beziehungen sind wieder aufgenommen; der Hof von Printing House Square hat einen neuen Gesandten geschickt. Poor Wilkinson! nachdem er jahrelang gegen preußischen Hof und preußische Regierung leidlich anzügliche Dinge gerichtet hatte, ohne den geringsten Schaden zu leiden, ging er schließlich daran zugrunde, daß er die Berliner Damen, die sich gerade damals zum Empfang der „Prinzessin aus England" rüsteten, rather plain looking nannte. Das war zuviel. Als er sich entschuldigen wollte, verfitzte er sich vollständig, verdarb es mit seinen Chefs (die längst die Frage erwogen hatten: „was soll uns ein Korrespondent in Berlin?") und sah sich, zu seinem lebhaftesten Bedauern, um jährlich 400 Lstr. ärmer. Poor Wilkinson – er hatte nicht gewußt, was es heißt, die Berlinerinnen gegen sich zu haben und daß Mangel an Stoff nicht voll so schlimm sei, als entdeckter Mangel an Galanterie. Nun hat also Wilkinson einen *Nachfolger*. Ich lese seine Korrespondenzen hier regelmäßig und da er mitunter freundlich genug ist, die Kreuzzeitung zu zitieren, so ist es nicht mehr als billig, auch seiner an dieser Stelle zu erwähnen. Da liegt mir heute sein Bericht vor über den Schluß des Landtages im Weißen Saal. Er beschreibt es alles nett und gut, mit jenem Erzählertalent, jener plastischen Anschaulichkeit, die der englische Publizist noch so oft vor uns voraus hat. Er bewundert den schönen Saal und die schönen Uniformen, die goldenen Ketten der Bürgermeister und die roten Mäntel der Johanniter; aber fast mehr noch wundert er sich über die „Rohrstühle" (yellow, cane-bottomed chairs) für die Minister, die neben dem roten Plüschstuhl des Minister-Präsidenten stehen; also eine Rangabstufung auch unter den Stühlen, ein Offizier mit sieben Gemeinen. Soviel über den äußeren Apparat. Nun wendet sich der Times-Korrespondent den Persönlichkeiten zu. Da ist *Dr. Simson*, der mit gerechter Rührung von der Kammer Abschied nahm, „weil er sie *so* nicht wiedersehen werde"; da ist Baron *Usedom*, stattlich und vergnüglich dreinschauend, wie immer; da ist ein kleiner liberaler Stehauf, von sehr entschiedenem Gesichtsausdruck, der Kaplan *v. Berg*, dessen lebhafte Augen noch unter den Brillengläsern hervorblitzen; da ist *Waldeck* mit weißem Haar, der Führer der Linken, und neben ihm ein *polnischer* Abgeordneter mit langem Barte und finsterm Gesicht (grim-looking). Nun erscheint Se. Majestät, empfängt die Rede und liest sie, liest sie mit klarer, fester Stimme, die nur an der Stelle, wo der „Absetzungen", der vielbesprochenen 750.000 Tlr., Erwähnung geschieht, sich zu einem etwas „trocknen Tone" (rather drily) herabstimmt. Ich habe nicht den geringsten Zweifel, daß der Korrespondent der Times mit feinem Ohre gehört hat, feiner oder wenigstens ehrlicher, als mancher Liberale, der nach *dieser* Seite hin Harthörigkeit affektiert. Der neue Korrespondent hat auch *dadurch* Anspruch auf unsere Sympathien, daß er die Taktlosigkeiten seines

Amtsvorgängers vermeiden zu wollen scheint; alles liest sich glatt und manierlich; nur von einigen alten Generalen sagt er: „sie hätten ausgesehen, als warteten sie darauf, in Lavendel gelegt und begraben zu werden.“ Das ist unangemessen. Aber er weiß vermutlich, daß alte Generale minder böse sind, als junge Berlinerinnen. Habeat sibi! –

Hitze, Saison und Parlament

† London, 24. Juni

„Wir tanzen hier, wie auf einem Vulkan." Aber erschrekken Sie nicht, ich spreche von keinem „Vorabend großer Ereignisse" – wir sind beiläufig bemerkt davon so weit entfernt, wie irgend möglich – wir tanzen einfach bei unerträglicher Hitze und haben es wie glühende Lava unter den Füßen; das mag es schon gestatten, das berühmte Wort Salvandys zu zitieren. Wir tanzen noch, weil die Saison noch blüht, und die Saison blüht noch, weil das Parlament sein letztes Wort noch nicht gesprochen hat. [...] Ein Blick auf unsere Parlaments-Verhandlungen bestätigt, was ich sage. Seit Lord Palmerstons Rede über Macdonald, oder, wenn man ein Engländer ist, seit der Budget-Debatte, ist keine einzige Rede mehr von auch nur mittlerem Interesse gehalten worden. Es gab Zeiten, wo man vor dem Gefährlichen der Nachtsitzungen warnte, weil sie der Phantasie ein Übergewicht über den kalten Verstand gaben; jene Warnungen wird jeder belächeln, der seit Monaten den Nachtsitzungen des englischen Parlamentes gefolgt ist. Sie mahnen nicht an die poetischen Spiele, die die dämmernde Nacht mit dem reizenden Kinde „Phantasie" spielt, sie mahnen nur an die uralte Ehe zwischen Nacht und *Schlaf*. Schläfrig verlaufen die Sitzungen, die Debatte kommt nicht vom Fleck; an anderen Abenden wird vor einem leeren Hause gesprochen, bis sich plötzlich ein Mitglied erhebt und darauf aufmerksam macht, daß das Haus nicht länger beschlußfähig, weil keine 40 Mitglieder mehr anwesend seien. In drei Tagen ließe sich abmachen, was in drei Wochen geschieht; aber man treibt die Eile mit Weile, als erschräke man vor nichts so sehr, als vor dem Gedanken, den Palast an der Themse eher zu räumen, als bis die Themse böse wird und ihr „genug" hinauf ruft. Andere gehen davon aus, daß das grouse-shooting dem Parlament unmittelbar folgen müsse, wie das Glas Sherry der Suppe. Grouse-shooting beginnt aber erst im August. So muß denn „getagt" werden, bis die ersten Heidehühner aus den Ginsterbüschen des Hochlandes auffliegen.

Das große Feuer und die Taschendiebe

† London, 26. Juni

Die Nachricht von dem großen Feuer, das vorgestern mittag am Cotton-Wharf in Southwark ausbrach und eine Reihe Speicher und Warenhäuser (man sagt, die besten und feuerfestesten, die London besaß) zerstörte, wird bereits zu Ihnen gekommen sein (s. Nr. 147, 148 und 149). Ich war heute dort, um mit meiner Neugierde hinter Hunderttausenden nicht zurückzubleiben. Mein Begleiter hatte eine Art Passepartout, und so konnten wir, trotz der Kordonlinie, die den Schauplatz absperrt, bis in eine gewisse Nähe vordringen. Der Anblick ist furchtbar, und man sieht auf die Brandstätte wie auf eine Kraterstadt; aber die Krater sind nicht ausgebrannt; unheimlich lebt es in der Tiefe, und aus jedem Aschenkegel kann jeden Augenblick eine neue Lohe emporschießen. Gespenstisch stehen die teils weißgebrannten, teils vom Qualmen geschwärzten Mauern da, einige weit vorgebogen und jeden Augenblick auf dem Punkt, auf die Aschenkegel und die glühenden Kellergewölbe niederzustürzen. Es ist das furchtbarste Feuer, von dem London seit einer langen Reihe von Jahren heimgesucht wurde, und wie Sie sich denken können, hat es an Vergleichen mit dem großen City-Feuer nicht gefehlt, das 1666 Fünfsechstel der ganzen Londoner Altstadt (dem Schauplatz des *jetzigen* Feuers gerade gegenüber gelegen) zerstörte. In der Tat ist es allein einer gnädigen Fügung Gottes zuzuschreiben, daß der ganze Stadtteil Southwark, mit etwa einer halben Million Einwohner, nicht genau in derselben Weise niederbrannte, wie vor fast zweihundert Jahren die alte City. Menschenkunst und Menschenwitz erwiesen sich als völlig ohnmächtig, und alle Schutz- und Rettungsmaschinen würden den Ruin des Stadtteils nicht

Das große Feuer in Southwark: Szene an Cotton's Wharf Sonntagnacht

hintertrieben haben, wenn etwa, statt einer absoluten Windstille, die herrschte, ein mäßiger Nordost die Lüfte belebt und die Feuersäule über die sengend heißen Dächer hingefegt hätte. Ich spreche nicht von den Menschenopfern, die dieses Feuer gefordert hat, nicht von Mr. Braidwood, dem „Londoner Branddirektor“, wie Sie in Berlin sagen würden, auch nicht von jenen armseligen Wagehälsen, die, an dem brennenden Ufer auf- und abfahrend, das geschmolzene Talg von der Oberfläche des Wassers abschöpften und wahrscheinlich viel zahlreicher um's Leben gekommen sind, als bisher vermutet wurde; nur darauf möchte ich hinweisen, wie dieser Vorgang mal wieder vor Überhebung gewarnt und zur *Demut* gemahnt hat, die in unserem Zeitalter der „Wunder der Mechanik“ so rar geworden ist, wie zu den Tagen des Babelturms. Die Elemente waren bei diesem Feuer alles; der Mensch, der sich so gern als ihr Herr gebärdet, war *nichts*. Nachbarspeicher und Kellerräume, in denen Fässer mit Sprit und Terpentinöl lagen, sind wie durch ein Wunder gerettet worden. Wurden auch sie von den Flammen ergriffen, so gewann das Feuer riesige Dimensionen *trotz* der Windstille. Der Verlust ist enorm, man spricht von 2 Millionen Pfund, eine riesige Summe, die aber doch verschwindet neben dem, was das Feuer von 1666 vernichtete. Man schätzte damals (wo das Geld einen vielleicht sechsfach höheren Wert hatte) den Schaden auf *zehn* Millionen Pfund. Über 10.000 Häuser waren zerstört und der Qualm zog wie eine schwarze Fahne 50 englische Meilen weit ins Land hinein. An diesen Zahlen richtet sich die Gegenwart wieder auf. Übrigens haben, während und nach dem Feuer, die Taschendiebe einen ihrer glänzendsten Fischzüge ausgeführt. Nur allein vor dem City-Polizeigericht standen gestern 20 auf „Taschendiebstahl beim großen

Feuer“ Angeklagte und 11 von ihnen wurden wegen gestohlener Uhren verurteilt. Sie sehen, es geht hier alles ins Große, wenigstens ins Massenhafte.

Stratford-on-Avon, Henley Street mit Shakespeare-Haus

Geburtshaus (das oft besuchte und oft beschriebene) liegt in der Stadt. Es ist ein altes Fachwerkhaus, unten mit dem Vorbau und den anderweiten Herrichtungen eines Fleischerscharrns; oben, eine Treppe hoch, befindet sich das Zimmer, in dem Shakespeare geboren sein soll. Die weißen Wände sind mit Tausenden von Namen und Inschriften bedeckt, darunter die Inschriften vieler Berühmtheiten: Walter Scott, Lord Byron, Thomas Moore etc., so daß der Ausspruch richtig ist: er *muß* hier geboren sein, er mag wollen oder nicht. Ebenso interessant wie dieses Haus mit dem Fleischscharrn (das Shakespeare-Haus par excellence) ist die Gruft in der Kirche. An der Grenzlinie von Kirchenschiff und hohem Chor liegen quer über die Kirche fort mehrere große Sandsteine, von denen der am linken Flügel gelegene Grabstein Shakespeares ist. Er trägt die Inschrift:

Gut Freund, um Jesu Christi willen,
Laß ruh'n hier meinen Staub im Stillen;

Gesegnet wer da schont den Stein,
Verflucht wer fortträgt mein Gebein.

Es ist wohl kein Zweifel, daß diese Zeilen von Shakespeare selbst herrühren – die heutigen Theater-Direktoren schreiben andere Grabschriften, wenn sie sich überhaupt darauf einlassen. Einige Fuß hoch über dem Grabstein befindet sich eine Nische in der Wand, in der eine Büste Shakespeares steht, wahrscheinlich – obgleich ihr technisch vieles fehlt – das einzig zuverlässige Bildnis, das die Welt von ihm besitzt. Zu Wiege und Grab gesellt sich, mitteninne stehend, das Haus, das Shakespeare während der letzten 10 oder 15 Jahre (die Zahlen schwanken) seines Lebens bewohnte. Das Haus steht außerhalb der Stadt, und um den Verkauf desselben handelt es sich jetzt. Das Haus selbst ist längst hin (seit 1757). Damals hatte der Geistliche des Orts, Mr. Gastrell, Streit mit seiner Gemeinde, und als er endlich in Zorn und Unmut die Stadt verließ, rächte er sich dadurch, daß er das alte Shakespeare-Haus, den Stolz der Stratforder, niederreißen und den schönen Maulbeerbaum, unter dem Shakespeare so oft gesessen und geträumt hatte, umhauen ließ! Das Haus selbst ist nicht mehr; aber der Gesamt-Lokalität, zumal dem Garten, der nur den schönen Baum eingebüßt, hatte man doch nach Möglichkeit das alte Kleid zu erhalten gewußt. Er war immer noch eine Sehenswürdigkeit; auch dieser Garten steht jetzt auf dem Punkt, zu verschwinden, oder – ein Biergarten zu werden. (In zwölfter Stunde ist soeben Hülfe gekommen. Man hat 1400 L. gezeichnet und die kleine Besitzung, die den Namen New-Place führt, angekauft, um sie zu erhalten wie sie ist. D. Red.)

Der große Meerestunnel zwischen Dover und Calais

† London, 23. November

Ein neuer Plan zur Tunnelierung des *Kanals* ist aufgetaucht; ein Mr. Chalmers hat ihn der Regierung vorgelegt. Dies gibt mir eine willkommene Gelegenheit, Ihnen einen kurzen Überblick über die verschiedenen Projekte zu geben, die zu gleichem Zweck erdacht wurden. Die Zahl aller bisher bekannt gewordenen Pläne beläuft sich, soviel ich weiß, auf zwölf, die sich wiederum in *drei* Hauptgruppen teilen, in Straßen, die durch die *Erde*, durch das *Wasser* und durch die *Luft* gehen: Erd-Tunnel, Wasser-Tunnel, Brücken. Von diesen zwölf Projekten sind sechs französischen und sechs englischen Ursprungs. Sie alle hier zu beschreiben, würde zu weit führen und die Leser ermüden; einiger aber möcht' ich doch Erwähnung tun, um Ihnen zu zeigen, bis zu welchen Kühnheiten (vielleicht bis zu welchen *Phantastereien*) man sich hier versteigt. Das eine Projekt rührt von einem Herrn de Gamond her und besteht darin, daß mit Hülfe der Zementierkunst – die man, wenn ich nicht irre, im Hafen von Marseille schon ähnlich großartig benutzt hat – dreizehn künstliche Felseninseln im Kanal angelegt werden sollen. Diese Felseninseln bohren sich natürlich durch ihr eignes Gewicht tief in den Meeresgrund hinein, und nachdem auf diese Weise eine solide Verbindung zwischen Meeresgrund und Meeresoberfläche gewonnen ist, will man anfangen, diese künstlichen Inseln von obenher bis in beliebige Meergrunds-Tiefe zu durchbohren. Einmal *unterm Niveau des Meeresgrundes* mit Hülfe dieser Bohrungen angelangt, soll nun an 13 Stellen zugleich die Tunnelierung beginnen. Der Zweck dieser 13 Inseln ist klar. Man erschrak mit Recht vor dem Gedanken, die ganze Strecke zwischen Dover und

Calais zu tunnelieren, und erkannte doch zugleich die Unmöglichkeit, die Arbeit an verschiedenen Stellen unterwegs, d. h. also *durch das Wasser hindurch*, vornehmen zu können. Mit Hülfe der 13 Inseln würde es sich, da die Entfernung zwischen Dover und Calais höchstens 26.000 Schritt beträgt, also um die Herstellung von 13 Tunnels à 2000 Schritt handeln. Louis Napoleon soll sich *diesem* Plane vorzugsweise geneigt gezeigt haben. Zwei andere Pläne gehen darauf aus, eine Art Riesen-Tubular-Brücke, stückweis, zu versenken. Dies Projekt bietet zwei große Schwierigkeiten dar, einmal die *Versenkung* der Röhren (die, weil sie hohl sind, wie Schiffe schwimmen und nur durch Oberdruck gewaltsam nach unten geschafft werden können), dann vor allem die Verfestigung und Ineinander-Nietung der einzelnen Teile. Der Erfinder dieses Planes soll sich dahin geäußert haben, daß es leicht sein würde, diese Nietung auszuführen, sobald man eine hinreichende Anzahl von Personen fände, *die eine halbe Stunde unter Wasser leben könnten!* Noch ein Plan, vielleicht derjenige, der am bekanntesten geworden ist, will eine *Brücke* bauen. Er beginnt mit Ausführung von 190 Brückenpfeilern, deren Umfang am Meeresgrunde 300 Fuß im Quadrat betragen, nach obenhin aber sich pyramidenartig (im Winkel von 75°) zuschrägen soll, und zwar so, daß diese Pfeiler, 40 Fuß über der Meeresfläche, noch 150 Fuß im Quadrat messen. Auf diesen Felsen-Fundamenten werden dann Türme aufgeführt von 100 Fuß Durchmesser und 260 Fuß Höhe, auf deren höchster Höhe die Tubular-Brücke selbst, ähnlich wie die zwischen Wales und Anglesea, laufen soll. – Der neue *Chalmerssche* Plan nun, der viel von sich sprechen macht, ist eigentlich nur eine Wiederaufnahme des Projektes Nr. 2. Er will, am Grund des Meeres hin, große Röhren legen, stark genug, eine Eisenbahn zu tragen und unterscheidet sich von seinen betreffenden Vorgängern nur dadurch, daß er vorgibt, zur *Versenkung* und Verfestigung der Tuben (Röhren) praktikablere Mittel gefunden zu haben. Welchem Plane der Vorzug gebührt, soll ich nicht verraten, und in gleicher Lage mit mir werden sich viele befinden. Die Kosten der verschiedenen Unternehmungen sind ebenso verschieden wie die Projekte selbst. Das teuerste fordert 87. 400. 000 Lstr., also ungefähr 611. 800. 000 Tlr. oder das 5- bis 6fache der jährlichen preußischen Staats-Einnahmen. Das billigste fordert bloß 10 Mill. Lstr., also gegen 70 Mill. Tlr., wofür es gewiß *nicht* zu haben ist.

Die schottische Zigeunerkönigin

† London, 30. November

Kelso am Tweed, eine kleine schottische Stadt, hart an der englischen Grenze, ist altes romantisches Land, und seine eigene Trümmer-Abtei, wie die Nachbar-Abteien von Melrose und Dryburgh (wo Walter Scott begraben liegt) haben, in Tod und Leben, viel Königtum in ihren Mauern gesehen. Die Geschichte und die Grabsteine erzählen davon. König David I. kam oft nach Kelso-Abtei, um bei den Benediktinern zu Gaste zu sein, – war es doch ein kurzer Ritt nur von Roxburgh-Castle, wo er residierte, bis in den stillen Klosterhof – und wenn er halben Weges dann an die Stelle kam, wo der Tweed ein Knie macht, und nun, seit vielen Jahren schon, ein Kreuzweg sich durch das Wald- und Hügelland zieht, dann mocht' er wenig denken, daß 700 Jahre nach ihm ein anderer königlicher Zug dieses Weges kommen und auf altem schottischen Königsgrund, halb gespenstisch, eine Krönung am Kreuzweg vollziehen werde. Heut ist es etwa vierzehn Tage, daß die 70jährige Zigeuner-Prinzessin Esther Faa Blythe am Kreuzweg zwischen Roxburgh-Castle und Kelso-Abbey feierlich gekrönt und von ihren Stammgenossen zur Königin ausgerufen wurde. Es war ein grauer Tag, und der Nebel fiel in feinen Tropfen nieder. Aber der ganze Stamm, in phantastischen Kleidern, hatte sich eingefunden und zog der alten Prinzessin nach, die auf einem gelben Shetland-Pony langsam vorausritt. An der Mähne des kleinen Pferdes hingen Schellen und Glöckchen und, immer wenn es den Kopf zur Seite warf, klangen die Glöckchen gedämpften Lautes durch den Nebel hin. So kamen sie über die Heide und hielten am Kreuzweg. Nun wurde Kreis geschlossen, die alte Esther trat in die Mitte; sie hatte zwei Urenkel an rechter und linker Hand, hinter ihr aber standen in langer Reihe ihre Kinder und Kindeskinder. Dann trat der „Kröner" vor, murmelte in Zigeuner-Schottisch, daß er schon Esthers Vater gekrönt habe und las dann ein altes Pergament, darauf urkundlich die Worte standen, daß bei seiner, des Kröners, Familie seit alter Zeit das Recht der Krönung sei, und daß er, laut Pergament, auch heut nach altem Recht verfahren werde. Die alte Esther kniete nieder in den Sand und der Kröner setzte ihr die Krone in das immer noch schwarze Haar; wer weiß, woher das Gold genommen sein mochte, — statt des Edelsteins aber steckte der blutrote Kopf einer schottischen Distel in der Gold-Öse über der Stirn. Die Urenkel, Kinder noch, nestelten die Krone fest, dann stieg Esther Faa Blythe wieder zu Pferde und die Ihrigen riefen dreimal drei: es lebe Königin Esther! Dann ging es nach Kelso in die Stadt; der gelbe Shetland-Pony verschwand an der Waldecke, die Glöckchen klangen immer leiser; das Gesindel aber mit

husch, husch, husch
Kam hinten nachgeprasselt,
Wie Wirbelwind am Haselbusch
Durch dürre Blätter rasselt.

So erzählte mir ein Freund aus Kelso, der mit dabei war. Denn viel Volks aus der Stadt hatte sich eingefunden, um die Krönung der „Zigeunerkönigin von Schottland" trotz Nebel und Regen mit anzusehen. In England und Schottland lebt noch immer viel von solcher Wald- und Heide-Poesie, und neben dem schwarzen Qualm des Fabrikschornsteins steigt von zusammengerafftem Ginster das Rauchfeuer des Zigeunerlagers auf.

1862

Feuerlösch-Ordnung

† London, 12. Februar

[...] Was bei Gelegenheit einer neuen *Feuerlösch*-Ordnung zutage gekommen ist, hat mich höchlichst überrascht. Wer hier jemals die Spritzen in gestrecktem Galopp durch die Straßen rasen und nächtlicherweile die Wasserkübel und Rettungsleitern an Ecken und Plätzen stehen sah, wer zudem zu wissen glaubte (und mit Recht), daß unsere vielbewährte Berliner Feuerwehr nur eine Nachahmung der Londoner sei, den mußte es allerdings in Erstaunen setzen, plötzlich von der völligen Unzureichendheit des hiesigen Feuerlöschwesens sprechen zu hören. Und doch ist dem so. Die glänzend organisierte Londoner Feuerwehr ist kein städtisches Institut, sondern ein Privat-Unternehmen, das von den großen Versicherungsgesellschaften, z. B. vom Sun, Globe, Eagle, ins Leben gerufen wurde und nur „versicherte Häuser" in Rettung nimmt; der Rest ist auf die *Gemeinde-Spritze* angewiesen. Diese Gemeinde-Spritze ist aber vielfach ein Kinderspott geworden, eine Art schlafender Nachtwächter aus der guten alten Zeit, und jetzt hinterher erinnere ich mich allerdings von schier unglaublichen Fällen gelesen zu haben, wo der Schlüssel zum Spritzenhause nicht gefunden werden konnte und die Spritze von Gegenüber, d. h. vom angrenzenden Stadtteil nicht kommen wollte, weil das nicht *ihr* Feuer sei. Kirchen und Museen, Paläste und Kathedralen (wenn sie nicht eine Privat-Feuerwehr haben) sind ganz vorzüglich auf diese „Ge-

Die Londoner Feuerwehr bei einer Feuerlöschübung am Themse-Quai

meinde-Spritze" angewiesen und die Times, anknüpfend an eine von Mr. Hawkey eingebrachte Bill, dringt auch heute auf *Zentralisation*. „Die meisten unter uns, so schließt sie, wissen gar nicht, wie unsicher sie in ihren Betten liegen, wenn König Feuer nachts sein Haupt erhebt und die brandroten Locken im Winde schüttelt."

Das Haus der Lords und die Adelsgeschlechter

† London, 25. Februar

Gleich nach Eröffnung des Parlaments ist, wie üblich, ein neuer Katalog erschienen, der die Namen und Titel der Mitglieder beider Häuser enthält. Aus dem Verzeichnis der *Lords*, das man, nicht ohne Grund, einen „Abriß der englischen Geschichte" genannt hat, teile ich Ihren Lesern einige Namen und Daten mit. Es sitzen im Oberhause 458 geistliche und weltliche Lords; doch umfaßt diese Zahl durchaus nicht *alle* Lords der vereinigten drei Königreiche, da verhältnismäßig wenig schottische und irische Lords auch zugleich Sitz und Stimme im *englischen* Oberhause haben. *Alter* Adel, in kontinentalem Sinne, existiert so gut wie gar nicht. Man pflegt hier, aus der Geologie Bild und Vergleich hernehmend, den Adel in älteste, alte, mittlere und neue *Schichten* zu teilen, die sich im Laufe der Zeit übereinander abgelagert haben. Solcher Schichten nimmt man gewöhnlich *sieben* an. Die älteste Schicht umfaßt vier Jahrhunderte, von der normannischen Eroberung an (1066) bis zum Ausgang des Kampfes der beiden Rosen (1483). Besonders diese letztgenannten Kämpfe zwischen den Häusern York und Lancaster vernichteten fast den alten Adel, und kaum eine Familie existiert, die mit voller *Bestimmtheit* und in direkter Lineal-Folge bis in die Mitte des 15. Jahrhunderts zurückgeführt werden könnte. Doch rechnet man hierher die Howards (Haupt der Familie: der Herzog von Norfolk), die Talbots und Stanley. Die zweite Schicht umfaßt die Tudor-Zeit, also die Zeit Heinrichs VIII. und der Elisabeth. Hierher gehören die Russells, Seymours, Paulets und Cecils. Die dritte und vierte Schicht umfassen Adelsnamen aus der Zeit der Stuarts und Königin Anna. Der fünften Schicht, oder der Epoche der bei-

Parlamentseröffnung durch die Royal Commission

den ersten Hannoveraner, gehören die Stanhopes, die Walpoles und Townshends an, und mit ihnen schließen die Namen ab, die man, wohlverstanden *hier* in *England*, berechtigt ist, zum alten Adel zu zählen. Ihre Gesamtheit, von 1066 bis 1746, umfaßt kaum 20 Familien, da bekanntlich die Träger vieler der allerberühmtesten Namen, die Northumberlands, Westmorelands, Buckinghams u. a. von allerneuestem Adel sind. Die Titel sind alt, die Familien sind neu. Unter Georg III. beginnen in rascher und ununterbrochener Reihenfolge die Adelskreierungen. Wie viele solcher Neuschöpfungen stattgefunden haben, läßt sich daran sehen, daß Lord Rodney, der wegen Entsatz des belagerten Gibraltar 1782 zum Lord kreiert wurde, in der über zweihundert Namen zählenden Liste der Barone bereits der *neununddreißigste* ist. Also schon über hundertundsechszig *nach* ihm, in kaum 80 Jahren. Ein noch glänzenderes Beispiel ist der noch *jetzt lebende* Lord Lyndhurst. Er wurde 1827 zum Baron erhoben und hat jetzt bereits 67 *Hintermänner*. Selbst Lord Clyde, der doch erst während des letzten indischen Aufstandes, also vor etwa 4 Jahren, von Sir Colin Campbel zum Lord Clyde avancierte, hat bereits vor zehn *nach* ihm ernannten Baronen den Vortritt. Bei diesen neuen Kreierungen scheint man es zu einer Art Prinzip zu machen, die alten berühmten Titel, wo sie durch Aussterben erledigt worden sind, auf sich beruhen zu lassen. Es hat das gewisse Vorzüge. Die zukünftige englische Geschichte kommt zwar dadurch um einige ihrer klangvollsten Namen; aber es wird dadurch auch jene Verwirrung vermieden, die jetzt, einige wenige Historiker und Genealogen abgerechnet, in unsern Köpfen zu entstehen pflegt, wenn wir von den Warwicks, Buckinghams und Westmorelands sprechen hören und nicht zu sagen wissen, wo die Nevils, die Villiers und

Granvilles anfangen oder aufhören. Man nimmt jetzt bei den Neu-Kreierungen die Namen von Berg und Fluß, von Tälern und Heidestrecken zu Hülfe, wie viele der letzten Ernennungen zeigen: Lord Clyde, Lord Forth, Lord Derwentwater und der alte Marquis von Landsdowne, der seinen Namen von einer unfruchtbaren Heidestrecke im Westen Englands führt.

Die Hartley-Grube
Schlechte Bau-Polizei und Häusereinstürze

† London, 1. März

Das furchtbare Unglück in der Hartley-Kohlengrube hat den Blick auf Übelstände hingelenkt, deren Beseitigung nun zu gewärtigen steht. Der Brunnen wird zugedeckt, wenn das Kind hineingefallen ist. Wie jetzt, nach unserer neuen Bau-Ordnung daheim, alle neuen Häuser *zwei* Treppen haben müssen, so wird hier ein Gesetz eingebracht werden, daß jede Grube in Zukunft doppelschachtig (mit zwei Schachten) angelegt werden muß. Hätte die Hartley-Grube zwei Eingänge gehabt, so wäre das ganze Unglück vermieden worden. Eine andere Neuerung besteht darin, daß von jetzt ab auf die Anwendung von *Schmiede*-Eisen, anstatt *Guß*-Eisens, gedrungen werden wird, da sich herausgestellt hat, daß ein gußeiserner Balken die unmittelbare Ursache des Unglücks gewesen ist. Dieser Balken, eine Eisenmasse von 42 Tonnen Gewicht, überbrückte den Schacht, brach endlich, weil das Material nichts taugte, und stürzte wie ein Felsblock hinab. Der Bericht setzt hinzu: „es lag da unten wie ein Riesengrabstein über der Gruft Lebendig-Begrabener." – Ich schrieb Ihnen neulich von dem Londoner Feuerlöschwesen, das, trotz seiner Muster-Feuerwehr (die nur ein *Privat*-Unternehmen ist), auf der niedrigsten Stufe steht und dringend einer Reformierung bedarf. Ähnliches gilt von der *Baupolizei.* Viel ist nach dieser Seite hin gebessert worden, aber mangelnde Kontrolle führt noch immer zu einer Unzahl von „accidents", und es ist fraglich, ob es eine zweite Stadt in Europa gibt, in der die Häuser-Einstürze so an der Tagesordnung sind, wie hier in London. Vor einigen Tagen stürzten wieder drei Häuser in Hackney zusammen,

Der Eingang zum Unglücksschacht in der New Hartley-Grube

weil der Kalk ohne Bindekraft, die Mauersteine schlecht und die Eisenpfeiler noch schlechter waren. Selbst die Jury, die leicht ein Auge zudrückt, hat nicht umhin gekonnt von „mangelnder Kontrolle“ und „erbärmlich schlechtem Material“ zu sprechen. Drei Arbeiter wurden erschlagen, zehn verwundet und nach dem benachbarten „Deutschen Hospital“ gebracht, das, beiläufig bemerkt, trotz seines Beinamens „Deutsch“ mehr von Engländern als von Deutschen benutzt wird. Der eine der Getöteten kam in schrecklicher Weise um, er stürzte auf eine Stange und wurde gepfählt. So fand man ihn, und um ihn forttransportieren zu können, mußte der Pfahl, über und unter ihm, abgesägt werden. – […]

Magdalenen-Institut

† London, 15. März

Wie Sie sich denken können, haben wir auch hier ein Magdalenen-Institut, ein Refugium für Gefallene, über dessen Ausdehnung und Verwaltungs-Grundsätze etwas zu hören Ihre Leser vielleicht interessiert. Manches weicht, wie ich glaube, vorteilhaft ab von den Erfahrungen, die bei uns über diesen Punkt gemacht worden sind. Zuerst einiges über die Einrichtung. Man hat es für geraten erachtet, nicht *ein* Gebäude (günstigenfalls im Centrum der Stadt gelegen) für diesen Zweck zu errichten, sondern man hat eine ganze Anzahl solcher Asyle – ein volles Dutzend – in die Vorstädte verlegt und dadurch, anderer Vorteile zu geschweigen, sich eine bequeme Regulierung des Gesamt-Instituts gesichert. Erfolgen die Anmeldungen in unerwartet großer Anzahl, so ist es nunmehr möglich, ohne abzuweisen oder ohne eine, auf bestimmte Zahlen hin, gegründete Zentral-Lokalität zu überfüllen, durch Miete, bez. Ankauf eines Hauses schnell ein neues Refugium ins Leben zu rufen; – es auch wieder eingehen zu lassen, wenn – was freilich nicht zu gewärtigen steht – die Anmeldungen plötzlich auf eine niedrigere Stufe zurückgehen sollten. Man ist hierbei ganz englisch-praktisch verfahren, d. h. man hat es der Sache selbst überlassen, sich die ihrem jedesmaligen Bedürfnis entsprechende Hülle zu suchen, während der Kontinent, bei ähnlichen Unternehmungen, sich so oft darin gefällt, erst einen Rock zu machen und es den Dingen zu überlassen, ob sie hineinwachsen wollen oder nicht. Die Art und Weise, wie in diesen Asylen verfahren wird, die Hausordnung, hat etwas Gewinnendes an Stelle eines erkältenden Rigorismus. Die Vorsteherinnen werden sorgsam gewählt; liebendes Entgegenkommen weckt in den Gemütern der Eintretenden die Hoffnung; die Zuversicht auf bessere Tage und der Segen der Arbeit, der Ordnung und des Unterrichts festigt sie alsbald auf dem Wege, den sie in Reue selbst gewählt. Von Rückfälligen vernimmt man selten, wohl vorzüglich deshalb, weil es nicht eben leicht ist, Zutritt zu erhalten. Dieser Zutritt ermöglicht sich nämlich nur (echt englisch) gegen Zahlung von 10 Lstr., also von beinahe 70 Talern, und wer die Engländer kennt, weiß am besten, daß trotz der Anekdoten von aus 10-Pfundnoten gemachten Fidibussen, John Bull sehr ernsthaft mit sich zu Rate geht, ehe er sich entschließt, 70 Taler an die Besserung eines Menschen zu setzen. Er tut es sicherlich nur da, wo die besten Aussichten des Erfolges vorliegen. Noch ein paar statistische Angaben. Im vorigen Jahre wurden 706 Mädchen aufgenommen, während von den früher aufgenommenen 208 gute Stellungen in guten Häusern erhielten, 85 ihren Eltern, nachdem diese Verzeihung geübt haben, zurückgegeben und 104 verheiratet wurden. Das ganze Institut erfreut sich der größten Achtung; man beklagt freilich die 10-Lstr.-Bedingung, die in einzelnen Fällen gewiß zu einer Härte und zu tiefem Elend wird; aber man sieht andererseits ein, daß ein Abgehen davon den segensreichen Fortbestand des ganzen Instituts gefährden würde.

Noch einmal die Magdalenen-Institute
Gute Sitte

† London, 12. April

Ich schrieb Ihnen neulich (Nr. 69) über die hiesigen Magdalenen-Institute und nahm Veranlassung in Zahlen darzulegen, wie segensreich diese Institute hier wirken. Diese Wirksamkeit mag teilweise in mehr *äußerlichen* Dingen liegen, z. B. in der *10-Pfundnote*, die gezahlt werden muß, wenn sich überhaupt der Eintritt ermöglichen soll, in der *Hausordnung*, in dem herrschenden *Ton*, in der richtigen Verteilung von *„bete und arbeite"*; aber der eigentliche Grund für die günstigen Resultate, die vorliegen, findet sich doch *innerlich*, in den Herzen der zu Bekehrenden selbst. Vielleicht irre ich mich hierin (denn Beweise sind nicht beizubringen); aber ich habe ein Gefühl davon, daß das englische Gemüt, wenn auch vielleicht nicht ein geeigneterer, fruchtbarerer Boden für die eingestreuten Saatkörner des Guten, doch jedenfalls geneigter ist, diese Saatkörner überhaupt *an-* und *aufzunehmen.* Man kann hier in England an die Menschen *heran*, auch an die niedrigste, die verworfenste Klasse; das kann man bei uns in Deutschland nicht so. Nur sehr wenige Persönlichkeiten haben bei uns daheim die Gabe (eine Gabe, die dann nicht hoch genug zu veranschlagen ist), sich auch *da noch* Gehör zu verschaffen, wo man nicht hören will. *Hier* findet jedes (?) gute Wort eine gute Stätte; man *hört* wenigstens; man ist (auch das niedere Volk) gesittet genug, um zuzuhören, wenn ein teilnehmendes Wort an einen oder an viele sich richtet. In derselben Weise, wie hier jeder *essen* gelernt hat (bei uns daheim *sättigt* man sich nur, aber man *ißt* nicht), in derselben Weise hat man auch *hören* gelernt. Es sind dies die Segnungen *einer alten Kultur*, einer Kultur, die, um einige Jahrhunderte länger als bei uns, Zeit gehabt hat, auch bis in die untersten Schichten der Gesellschaft durchzusickern. Unser Volk in Deutschland ist nicht schlechter als das hiesige; aber es ist roher, und die *Brutalität* ist allerdings eine harte Schale, die es unter Umständen so schwer macht, an den Kern heranzukommen. Mit dieser Rohheit geht ein anderer Zug bei uns Hand in Hand – die *Frivolität*. Diese beiden Züge sind es, die bei uns eine Bekehrung erschweren; hier aber kommt die verhältnismäßig „gute Sitte" auch der Sittenlosen, die allgemeine gesellschaftliche Manierlichkeit, das ausgebildetere Gefühl von dem, was sich schickt, jedem herantretenden Bekehrungsversuch – menschlich geredet – zu Hülfe. Ich erinnere Sie an Vorfälle, die vor ungefähr zwei Jahren stattfanden. Einige Geistliche (ich glaube Dissenter) besuchten Haymarket – den hiesigen Sammelplatz der liederlichen Dirnen – und teilten Zettel aus, worin zu einem Tee-Abend, zu einer Réunion in einem benachbarten Lokale eingeladen wurde. Viele kamen, 50 oder 60 oder noch mehr. Nun eröffnete einer der Geistlichen die Sitzung, erklärte, zu welchem Behufe er sie hierher geladen habe und bat diejenigen, die ganz *bestimmt* entschlossen wären, ihn *nicht* zu hören, die Versammlung entweder zu verlassen oder doch nicht zu stören. Über die Hälfte blieb und folgte seinem Vortrag. Nicht die geringste Störung erfolgte. Mehrere der Mädchen schwuren auf der Stelle dem alten Leben ab. Wäre das bei *uns* möglich? Dürften bei der herrschenden Frivolität Geistliche bei uns auch nur Ähnliches wagen? Ich entsinne mich einer leise verwandten Szene, wo sofort mit höhnischem Jubelgeschrei und „Mädel, Mädel, ruck, ruck, ruck" geantwortet wurde.

Die unterirdische Eisenbahn

† London, 19. April

Wenn es, wie zweifellos, ein wichtiger Tag war, an dem die Panzerschiffe „Merrimac" und „Monitor" aneinander gerieten, so wird, aller Wahrscheinlichkeit nach, der Sonnabend kaum minder epochemachend werden, an dem die neueste Schöpfung Londons, die *„unterirdische Eisenbahn"* zuerst befahren wurde. Wie von jenem Kampfestage ab ein neues Zeitalter des Schiffbaues und der Seekriegführung, vielleicht der Kriegführung überhaupt, datieren wird, so von dieser ersten unterirdischen Eisenbahnfahrt an eine neue Epoche des Verkehrs, sicherlich des *Straßen*-Verkehrs in großen Städten. Die Fahrt, die stattfand, war erst eine allervorläufigste Probefahrt; Rollwagen statt der Waggons, Pferdevorspann statt der Lokomotiven, Laternen und Fackeln statt Gaslicht, aber es war dennoch eine *unterirdische* Fahrt und das ist die Hauptsache. Diese *„Tunnelstraße"*, wie man sie einfach nennen kann, befindet sich auf der Nord- oder Middleser-Seite der Stadt, steigt bei Farringdon-Street, also an der Grenze der City (nicht weit von der Post, von Newgate, Ludgate-Hill, Times-Redaktion u.s.w.) in die Tiefe und läuft von da aus etwa 5 englische Meilen lang in westnordwestlicher Richtung bis nach dem Paddington-Bahnhof. Die ersten Reisenden oder Passagiere, die diesen Tunnel in 20 mit Stroh ausgelegten Wagen befuhren, hatten, wie schon angedeutet, mit Unbequemlichkeiten zu kämpfen: die Luft (einige hatten sogar schlagende Wetter prophezeit) war dumpfig, naßkalt und namentlich hatte die Klarmachung des Weges, die Hinwegräumung von Balken, Stangen und zahllosem Arbeitsgerät, große Schwierigkeiten geboten; nichtsdestoweniger ging alles ohne Unfall und Störung vorüber,

Testfahrt der neuen Londoner U-Bahn: Der Zug passiert die
Station Portland Road

Die Londoner U-Bahn im Bau bei King's Cross

und die erste unterirdische Straße Londons, ist zum ersten Mal glücklich befahren worden. Die Sache erscheint in dieser Wunderzeit der Technik und Mechanik, wo sich die Sinne an Blendendes, an Ungeheuerliches beinah gewöhnt haben, kleiner und geringfügiger, als sie in Wahrheit ist; denn es läßt sich mit einem hohen Grade von Wahrscheinlichkeit voraussagen, daß die „unterirdischen Straßen" (dieser ersten werden natürlich andere auf den Hauptverkehrslinien Londons folgen) der Erscheinung, wie dem ganzen öffentlichen Leben Londons eine durchaus veränderte Gestalt geben werden. Zu dem alten Londonverkehr, der sich auf Fluß- und Straßen-Fahrt beschränkte, wird, geboten durch den immer wachsenden Wert von Grund und Boden, der *Viadukt*- und *Tunnel*verkehr treten, von denen der erste das Häusermeer der Stadt nach allen Seiten hin überbrückt, während der andere, bergwerkartig, seine Straßen unter dem alten Bau- und Mauerwerk hinzieht. Dieser Tunnelverkehr wird wachsen, je mehr, im immer lauter werdenden Lärm, die Sinne sich nach Stille sehnen. Zwar bietet das makadamisierte London nicht halb die Schrecknisse des zum Teil schlechtgepflasterten Berlins, auf dessen Straßen die Wagen mit rumpelnden Biertonnen und rasselden Eisenstangen ein Gespräch kaum noch möglich machen; aber um wie vieles erträglicher auch der große Sause- und Brauselärm Londons, als der Klapper- und Rassellärm Berlins beschaffen sein mag, auch hier tut Ruhe not. Ein Freund sagte mir einst über Venedig: Der Zauber dieser Stadt ruht in vielem, aber was das Gemüt am tiefsten ergreift und im ersten Moment am rätselhaftesten berührt, das ist die Mischung von allerbeweglichstem Leben und allerländlichster *Stille*. Das Leben bewegt sich wie auf Sammetschuhen, die Luft zittert nicht, sie schwebt, sie ruht und ihre

Ruhe teilt sich dem Glücklichen mit, der darin lebt. Die „Tunnelstraßen“ werden vielleicht dereinst in großen Städten etwas ähnliches schaffen und den Eisenstangen-Wagen jener unterirdischen Tiefe überlassen, in die er gehört!

Über Teehandel und Teetrinken

† London, Ende April

Die Blaubücher treiben nicht immer hohe Politik – (beiläufig bemerkt, erklärte neulich jemand den Ausdruck „hohe Politik" dahin: hohe Politik ist die Neigung, vor anderer Leute Türen zu fegen) – sie kümmern sich auch um Porzellan-Manufaktur, Gußstahl, Baumwollen-Pflanzung, indische Shawls, cochinchinesische Hühner und Tee-Konsumtion. So liegen unter anderm in dem zuletzt veröffentlichten Blaubuche die Berichte vor, welche die englischen Gesandtschaften auf Antrag des Finanz- und des Handels-Ministers über den *Teekonsum* der verschiedenen Länder, in denen sie beglaubigt sind, eingesandt haben. Unter diesen statistischen Essays, die (eine vortreffliche Schule und Übung) meist von den Gesandtschaftssekretären geschrieben werden, nimmt der Bericht aus *St. Petersburg* an Umfang und Bedeutung den ersten Rang ein, besonders jetzt, wo Rußland die Einfuhr des sogenannten englischen Tees (des überseeischen) sowohl in die Häfen der Ostsee wie des Schwarzen Meeres gestattet. Diese Reform, die den russisch-chinesischen Handel schwer betrifft*, dem russischen Volke aber einen billigeren Tee verschaffen wird, kann nicht verfehlen, auf die englischen Handelsverhältnisse von großem und natürlich vorteilhaftem Einfluß zu sein. Wenn bisher von den 93

---

* Eine Art von Schutz hat die russische Regierung für den zu *Lande* (über Sibirien) eingeführten Tee (den sogenannten Karawanentee) noch fortbestehen lassen, indem der englische Tee 5 Kopeken Steuer für jedes Pfund *mehr* zu zahlen hat, als der russische; aber dieser etwas höhere Zoll ist so gering, daß der Schutz nur scheinbar wird.

Millionen Pfund Tee, die England in seinen Häfen jährlich einführte, 78 Millionen im Lande selbst verbraucht und nur 15 Millionen Pfund wieder exportiert wurden, so werden sich, da Rußland neben England den allerstärksten Tee-Konsum hat, diese Zahlen in Zukunft ganz anders herausstellen: England wird mutmaßlich 150 Millionen Pfund Tee importieren und ungefähr die Hälfte davon an die Kontinentalstaaten abgeben.

Aber nicht nur innerhalb der Handelsverhältnisse werden große Veränderungen eintreten, auch die *Art* der Konsumtion, die Verteilung der Teesorten über die verschiedenen Länder wird eine durchaus andere werden. Die Engländer werden in Zukunft besseren, die Russen im großen und ganzen schlechteren Tee trinken; denn die besseren Teesorten, die jetzt überwiegend den Landweg einschlugen und Rußland verblieben, werden jetzt ebenfalls (wenigstens in ganz anderen Proportionen, als bisher) den Wasserweg einschlagen und auf den großen Weltmarkt kommen.

Ich knüpfe hieran noch einige Notizen über den Tee und das Teetrinken in England.

Die souveräne Herrschaft, die der Tee jetzt im englischen Haushalt übt (zahllose Personen, namentlich Frauen, leben eigentlich von Tee und Weißbrot), ist von ziemlich neuem Datum, und wenn Frau v. Sévigné (freilich irrtümlich) vor zweihundert Jahren schrieb: „Kaffee und Racine haben ihre Zeit“, so konnte es in England noch vor hundert Jahren heißen: „Der Tee wird jetzt Mode, aber Moden kommen und gehen.“ Noch vor funfzig Jahren eiferte William Cobbett (von dem es hieß: er hätte England an einem seidenen Faden führen können, wenn er das *Rechte* gewollt hätte) gegen die Überhandnahme des Teetrinkens und prophezeite mit Aufwand von Witz und Scharfsinn den physischen und moralischen Ruin des Volkes: Prostitution, Entnervung, Pauperismus, Blödsinn, Schlagfluß. Aber es war damit, wie mit Sir John Copes Philippika gegen die Kuhpocken, oder wie mit Lord Sidmouths Eiferung gegen die Gaslaternen, – es verklang im Winde. Die Kinder werden geimpft, das Gas brennt, und die Menschheit fühlt sich erträglich wohl dabei. Dem Dr. Jenner hat London sogar eine Bildsäule gesetzt – freilich eine schlechte. Der Tee ist nationales Getränk geworden und trotz Cobbetts düstrer Prophezeiung, ist es die Stunde der Traulichkeit, des Geplauders, der „Familie", wenn Jane oder Anne mit dem riesigen Teebrett ins Zimmer tritt und die „tea-things" tassenklirrend auf den Tisch setzt.

Der Yelverton-Prozeß
Miß Longworth oder Mrs. Yelverton?
Schottische und irische Ehe

† London, 18. Juli

Der „Yelverton-Prozeß" (über dessen erste Instanz ich Ihnen vor etwa sechs Monaten schrieb) hat trotz Ausstellung, Preisschießen und Preisverteilung alle drei Königreiche auf acht Tage wieder beschäftigt, und über kurz oder lang wird er noch einmal die Aufmerksamkeit von aller Welt in Anspruch nehmen, wenn er, zu letzter und entscheidender Aburteilung, vor dem Hause der Lords, als dem höchsten Tribunal des Landes, verhandelt wird. Es ist ein interessanter „Fall", ein Fall, in den alle möglichen Fragen und Anklagen hineinspielen: schottische Ehe, irische Ehe, Bigamie usw. Da das Zeitungsgedächtnis nicht das beste ist, so rekapituliere ich vorerst in aller Kürze. Gegenüber stehen sich Artillerie-Major Yelverton, ältester Sohn des irischen Peers Lord Avonmore (also über kurz oder lang *selbst* Lord Avonmore) und Miß Longworth, die Tochter eines Gentleman aus bürgerlicher Familie. Miß Longworth – oder, wie ich, da ich entschieden Partei für sie nehme, richtiger sagen sollte: Miß Yelverton – ist vor etwa einem Jahr als Klägerin aufgetreten und hat den Major Yelverton der Bigamie beklagt und selbstverständlich gleichzeitig auf Ungültigkeits-Erklärung seiner *zweiten* Ehe angetragen. Sie führte ihren Prozeß vor einem *irischen* Gerichtshof, die Jury (unter dem Jubel des Volks) trat auf ihre Seite, und Miß Longworth ging als Mrs. Yelverton aus dem ersten Stadium dieser seltsamen und verwickelten Prozeßführung hervor. Die Sache selbst, die zu diesem Prozeß führte, war folgende. Miß Longworth machte vor 10 Jahren (sie war damals 27 Jahr) die Bekanntschaft des damaligen Kapitäns Yelverton auf einem Boulogne-Dampfer; man näherte sich und sah sich in London verschiedentlich, bis das Leben der großen Stadt und schließlich der Krimkrieg die leicht und lose geknüpften Beziehungen wieder löste. Miß Longworth liebte aber den Kapitän leidenschaftlich und trug sein Bild im Herzen. Sie liebte ihn und „hatte sich vorgesetzt, ihn zu heiraten" – das sind ihre eigenen Worte. Die Engländerinnen verstehen sich darauf, wenn sie wollen. Sie ging als barmherzige Schwester nach Scutari, schrieb Briefe nach Sebastopol, das gelöste Band wurde wieder angeknüpft, er sah sie in Scutari, sie sah ihn in Balaklava, und zwar vielfach im Hause des englischen Generals Straubenzee, dessen Gemahlin des Glaubens war, Kapitän Yelverton und Miß Longworth seien in der Stille verlobt. Das Verhältnis wurde immer intimer; abermals abgebrochen, wurde es bei der Rückkehr des Kapitäns nach England aufs Neue angeknüpft und führte schließlich, nachdem die schöne Dame den lange schwankenden Familienrücksichten halber in einem inneren Kampfe begriffenen Kapitän immer fester an sich gekettet hatte, erst (in Edinburgh) zu einer *schottischen*, dann in Irland zu einer *irischen* Ehe. Zu einer schottischen Ehe gehört bekanntlich nur die gegenseitige Erklärung, „man wolle sich heiraten", eine Erklärung, die Miß Longworth den Kapitän abzugeben und auf das Evangelienbuch zu beschwören bat. Es scheint jedoch, daß der Kapitän diese Erklärung wenigstens nicht vollständig gab und Miß Longworth selbst in Zweifel darüber blieb, ob eine schottische Ehe zwischen ihnen geschlossen sei oder nicht. Sie drang deshalb (sie ist Katholikin) auf eine irische Ehe, und nach einigen Schwierigkeiten, da es an Trauzeugen fehlte, kam in einer kleinen katholischen Kirche, in der Nähe von Dublin, eine Trauung vor dem Priester zustande. Nur aus Rücksicht gegen den Familienstolz des alten Lord Avonmore willigte Miß Longworth, nunmehr Mrs. Yelverton darin, ihre stattgehabte Vermählung nicht öffentlich anzuzeigen; ja sie ging weiter und willigte, um den Wünschen ihres Gemahls nachzukommen, in eine längere Trennung von diesem und lebte in Bordeaux. Hier erfuhr sie, etwa ein halbes Jahr später, daß Kapitän Yelverton sich mit Mrs. Forbes, der jungen Witwe eines berühmten Edinburgher Arztes, verheiratet habe; noch einzelnes kam hinzu, was diese Nachricht besonders bitter und beleidigend machte. Gekränkt in ihrem Recht und ihrem Herzen zugleich, erhob nun die Betrogene jenen Prozeß, deren ersten Akt, vor einer irischen Jury, ich seinerzeit beschrieben habe. Der verurteilte Kapitän (jetzt Major) appellierte und zwar in *Schottland* und *Irland* zugleich. In Schottland – und dieser Prozeß wurde vor 8 Tagen verhandelt – war er siegreich: Miß Longworth wurde mit ihrer Klage abgewiesen; in Irland unterlag er zum *zweiten* Mal, und Miß Longworth wurde abermals als Mrs. Yelverton ausgerufen. Der Prozeß kommt nun vor die Lords und wird ein ungeheueres Aufsehen machen, einmal als cause célèbre überhaupt, dann aber auch, weil es nicht ausbleiben kann, daß die Prinzipien der *schottischen* und *irischen* Eheschließung dabei gründlich zur Debatte kommen. Man nennt diese Prinzipien hier ohne weiteres „einen Skandal“, und nicht mit Unrecht. Es werden bereits Wetten eingegangen, ob das Haus der Lords so oder so urteilen werde. Ich glaube, es wird alles davon abhängen, ob die Lords geneigt sind, nach dem Buchstaben des Gesetzes, oder nach menschlicher Regung ihr Verdikt abzugeben. Eine *schottische* Ehe ist *nicht* geschlossen worden, wenigstens fehlen die Beweise; eine *irische* Ehe ist *ganz gewiß* geschlossen worden; aber eine irische Ehe, d. h. eine Ehe vor einem römisch-katholischen Priester in Irland, ist nur gültig, wenn sie *zwischen zwei Katholiken* geschlossen wurde. Major Yelverton ist aber Protestant. Hiernach läßt sich mit Wahrscheinlichkeit annehmen, daß Miß Longworth vor dem höchsten Gerichtshof des Landes unterliegen wird; auch wird die Klägerin, den Männern des fixierten Rechts gegenüber, nicht Ursach haben, sich über Ungerechtigkeit zu beklagen. Anders aber als ein Gerichtshof, stehen Land und Volk und *Presse* zu der Frage, und durch keine Paragraphen gebunden, dürfen sie nicht nur dem Zuge ihres Herzens folgen, sondern es ist Pflicht, so zu tun, da diese Sympathien in diesem Falle gleichbedeutend sind mit jenem ungeschriebenen Recht, das doch auch sein Recht hat. Die Times hat sich (nach meinem Gefühl in unwürdiger Weise) dieser Pflicht entschlagen und – wenn nicht schlimmere Motive vorliegen – mehr oder weniger aus der ganzen Sache eine Frage englischer *Prüderie* gemacht. Miß Longworth, ohne dadurch irgendwie den Eindruck des Unweiblichen zu machen, hat selbst erklärt, daß sie den Kapitän schwärmerisch liebte und ihn besitzen wollte. Dies freimütige Geständnis muß nicht nur entwaffnen, sondern eine Teilnahme wecken. Die Lords mögen sprechen was Rechtens ist; aber die Presse hat das Recht, für das Recht des Herzens einzustehen und dem Major nicht schließlich noch ein Schlupfloch zu bereiten, gleichsam in Sanktionierung oder Belohnung seines (des Majors) Anspruch, „daß er die irische Trauung nur aus Gefälligkeit und zwar als eine bloße *Farce* durchgemacht habe“.

Einiges über Schotten und Iren
Die Hochländer nur noch in Sage und Dichtung; der Irländer eine Wirklichkeit
Ein irisches Steeple-chase

† London, 29. Oktober

Die Engländer, so geneigt sie sind, sich im Verkehr mit anderen Nationen als eine „superiore Rasse“ anzusehen, üben doch gleichzeitig eine oft überraschende Bescheidenheit den beiden Volksstämmen gegenüber, die von ihnen unterjocht oder „einverleibt“ worden sind, – ich meine die Schotten und die Iren. Die Schotten haben ihren Fundamentalsatz, „daß sie drei Finger hoch Gehirn mehr besäßen als andere Nationen“, so oft wiederholt, daß die Engländer schließlich selber dieses Glaubens geworden sind und, wie sie sich, was Wissen, Schlauheit und geistige Anlage angeht, vor den Schotten mit einer Art Bereitwilligkeit beugen, so beugen sie sich in allem Körperlichen vor den Iren. Sie geben zu, daß der „Irishman“ größer, stärker und, wenn auch nicht mutiger, so doch tollkühner und verwegener sei, als der Angelsachse, und selbst einen wesentlichen Teil der englischen *Schönheit*, den Teint, führen sie auf die Mischung mit irischem Blute zurück. Die Stellung des Engländers zum Irländer ist sehr ähnlich, wie die des Deutschen, namentlich des protestantischen Preußen zum Polen. Ziemlich in gleicher Weise, wie wir nicht anstehen, dem polnischen Adel ritterliche Gesinnung und dem polnischen Volke militärische Qualitäten zuzusprechen, so gefällt sich der Engländer darin, die Iren als ein Geschlecht von Heroen anzusehen. „Er hat sie ja *doch* besiegt“ – das mag der stolze Hintergedanke sein, der ihn so bereitwillig loben läßt. Im übrigen ist diese Huldigung vollberechtigt; die Iren in ihren guten Exemplaren sind in

Das internationale Steeple-chase in Limerick: der Start

der Tat ein hünenhaftes Geschlecht und, während auf dem Kontinent in der Regel die schottischen Hochländer als etwas ganz Besonderes nach dieser Seite hin gelten, flößen in England selbst die Iren einen gesteigerten Respekt ein. Dies hat einfach darin seinen Grund, daß die romantischen, viel verherrlichten Hochländer eigentlich nur noch in Sage und Dichtung existieren. Sie sind tot oder „jenseit des großen Wassers"; was jetzt noch in schottischen Regimentern den Kilt trägt und mit nacktem Knie einherparadiert, das sind eingewanderte Websters und Hopkinsons. Aber der Irländer ist noch eine *Wirklichkeit* im Leben wie in der Armee, und der Engländer – der es sonst an Spott dem „Paddy" gegenüber nicht fehlen läßt – behandelt ihn mit jener eigentümlichen Rücksichtsnahme, womit man einem Raufbolde aus dem Wege geht, oder eine geladene

Doppelflinte in die Hand nimmt. Eine solche geladene Doppelflinte, die jeden Augenblick losgehen kann, ist nun der Irländer in der Tat; sein heißes Blut zeigt sich überall, gleichviel ob es gilt, den alten Redan in der Krim oder den allerneusten Redan im Hydepark zu stürmen, und existierte nicht schon eine furia francese, so ließe sich mit demselben Recht von einer „hibernischen Furia“ sprechen. Dieser Hang zur Attaque, zum tollkühnen Vorgehen hat sich in neuster Zeit wieder glänzend bewährt und zwar auf den verschiedensten Feldern; in Irland selbst – in Belfast, Dublin und Tralee; in England – in London, Liverpool und Birkenhead. Ich will aber nichts von diesen Schlachten erzählen, wo noch das ohnehin heiße Blut durch einen Tropfen *politischer* Tinktur bis zur Fieberhitze gesteigert wurde, ich will Ihnen heute einfach von einem irischen *Steeple-chase* erzählen, das vor kurzem in Limerick stattgefunden hat. Alle englischen Blätter, die Times nicht ausgeschlossen, haben Leitartikel darüber gebracht und dies „irische Pferderückenbrechen“ als unzivilisiert und unmoralisch verurteilt; man sieht aber deutlich, daß diese Verurteilung eigentlich von einer Art Bewunderung diktiert ist, von der Bewunderung vor Waghalsigkeit und überlegenem Mut, etwa wie wenn wir von Rappo, oder Blondin oder dem roten Freibeuter lesen. Der Hergang (das Steeple-chase) selbst war folgender; ich gebe den Bericht des irischen Berichterstatters, Oberst Dickson, wörtlich: „Der Abgang war herrlich und makellos (the start was correct and beautiful). *Westa* führte, bis der Reiter, Kapitän Mac Creight, furchtbar stürzte, so daß er fortgetragen werden mußte. Beim vierten Heck stürzte *Glendinane;* der Reiter, Mr. Russell, empfing einige schwere Verletzungen und befindet sich, wie wir mit Bedauern melden, in einem prekären Zustande, Glendinane selbst hatte das Kreuz gebrochen. *Bandemere* stürzte auch; der Reiter, Mr. Falkner, verletzte sich am Rückgrat und wurde ohnmächtig in das Waagehaus getragen. *Palermo* stürzte auch; der Reiter, Mr. Long, kam aber mit einigen Kontusionen davon und wird morgen hoffentlich weiter reiten können. *Merrimac* stürzte und blieb auf der Stelle; *Romaika* stürzte auch; dann stürzte *Anonyma*, Mr. Thompson fiel unter das Pferd, wurde aber gerettet und hatte nur einige Quetschungen empfangen. *Käthe Fischer* gewann endlich, unter ungeheurem Jubel, den Preis und Mr. Lloyd erhielt 400 Lstr. Tags darauf war *Käthe Fischer* wieder auf der Bahn und hohe Wetten wurden auf sie gemacht. Käthe führte glänzend und ihr Sieg schien unzweifelhaft. Da stürzte das tapfere kleine Tier (the gallant little mare) und brach das Kreuz. Käthe Fischer wurde allgemein bedauert." – So ist ein irisches Steeple-chase. Da darf man sich nicht wundern, wenn die „Paddies" den Hydepark-Redan stürmen und halb London in Schrecken und Staunen setzen.

1863

Politische Tartüffes

† London, 11. April

Es sind das jetzt wieder Tage hier, wo man keine Zeitung lesen, kein Gespräch von fünf Minuten führen kann, ohne dreimal aus der vorschriftsmäßigen Ruhe der Wohlerzogenheit im allgemeinen und der Gentlemanschaft im besonderen herauszufallen. Was hört man nicht alles? Was muß man nicht alles als politische Weisheit, als verbürgte Tatsache hinnehmen! Hat es doch in einem Leitartikel der Times gestanden, hat es doch ein „own correspondent" aus Lemberg oder Krakau geschrieben. Oft leg ich mir die Frage vor, was erstaunlicher ist, die Unkenntnis oder die Leichtgläubigkeit, oder endlich drittens die Kühnheit, mit der aus den zweifelhaftesten Vordersätzen die unfehlbarsten Schlüsse gezogen werden. Jeder Leitartikel, der sich mit *Preußen* beschäftigt, glüht vor Entrüstung. Vergeblich weis' ich immer wieder darauf hin, daß seitens Preußens nichts anderes geschehen sei, als was alte Verträge in unzweideutigen Paragraphen vorschrieben, und daß zweitens in diesen Paragraphen die Auslieferung von *Insurgenten* eben *nicht* vorgeschrieben sei, weshalb sie einfach nicht erfolge. Alles umsonst; jenes superiore Grienen, das hier den Namen sneering führt, ist die einzige Antwort auf solche Auseinandersetzung. Was das Verwunderlichste und Beleidigendste ist, das ist die Art, wie hier im „Lande der Gesetzlichkeit" diese Fragen zu bloßen Fragen der Sympathien und Antipathien unseres *Hofes* gemacht werden, als gäbe es in Preußen gar nicht *das*, was man *Gesetze* nennt. In allem erkennt man nur ein Eingreifen oder Unterlassen von höchster Stelle aus, und der Groll, unberechtigt in sich selbst, wird doppelt unberechtigt, indem er sich gegen Personen richtet, in Fragen, die *jenseit alles Persönlichen* liegen. Was würde ein Engländer sagen, wenn man seine Königin *persönlich* der Grausamkeit bezichtigen wollte, weil in ihrem Namen die bekannten indischen Zerfetzungen in Szene gesetzt wurden? Und doch nimmt derselbe Engländer keinen Anstand, die Hohenzollern für jeden Vagabunden verantwortlich zu machen, der wegen Diebstahls von einer Seite der Grenze auf die andere abgeliefert wird. Diese Blindheit, diese Ungerechtigkeit, dies „Messen mit verschiedenem Maß", das ist es eben, was hier den Fremden so vorzugsweise empören muß. Daß alles falsch ist, was hier unter dem Namen „Tatsache" von Mund zu Munde geht, ist das geringste. Wer hätte Lust, den einzelnen Engländer oder selbst die einzelne Zeitung dafür verantwortlich zu machen, daß ihnen aus einem wohlgespeisten Kanalsystem die Lügen systematisch zugeführt werden? Es liegt jenseit ihrer Macht, das Wahre vom Falschen zu scheiden. Aber was einen gerechten Grund zur Indignation gibt, das ist die Blindheit, die eiserne Stirn, mit der man hierzulande glaubt, über die ganze Welt zu Gerichte sitzen zu können, und zwar in Dingen, die denn doch (selbst wenn sie wahr wären) von seiten der Engländer zu allen Zeiten ganz anders besorgt worden sind. Die Geschichte vom Splitter und Balken steht hierlandes immer auf ihrer Höhe. Wehe denen – ob Untertanen oder nicht – die gegen die englischen *Interessen* verstoßen, oder wohl gar Mienc machen, die Größe, die Existenz des Landes in Frage zu stellen. Die Tage Cromwells in Irland, die Tage des Herzogs von Cumberland („der den Galgen durch ganz Schottland gehen ließ") wissen davon zu erzählen. Und wie in alten Zeiten, so in neuen. Die dänische Flotte ward überfallen und zerstört, Kopenhagen zweimal bombardiert – auf Verdacht hin. Die Ionier, die Kanadier, die Chinesen – die niederkartätscht wurden, weil sie kein englisches Opium mehr kaufen wollten – sie alle haben ihr blutiges Blatt in der englischen Geschichte. Was aber ist das alles gegen das große, rot geschriebene Buch, das den Namen führt: *England in Ostindien.* Mit Verrat gewonnen und mit Blut gekittet. Die „von der Kanone Weggeblasenen" haben ihr Kapitel in dem Buche, und die Drohungen sind unvergessen, mit denen an den kleinen asiatischen Höfen auf Auslieferung von Flüchtlingen und Mißliebigen gedrungen wurde. Und dies selbe Volk, das knietief in Blut watet, wenn seine Handelsinteressen auf dem Spiele stehen, spielt den Entrüsteten, wenn Rußland die offene Revolution, die ihm ans Leben will, ernstlich zu bekämpfen Miene macht, und glaubt, der preußischen Regierung Vorhaltungen machen zu müssen, weil sie – durch Verträge gebunden – zwei Mörder zu Gericht und Strafe abgeliefert hat. Was ist Tartüffe gegen solche Gleisnerei! –

Anna Wolkley
Einiges über black-holes in London
Die alte Komödie

† London, Ende Juni

Seit acht Tagen hat London mal wieder einen jener alle 5 oder 10 Jahre wiederkehrenden Mitleids-Paroxysmen, die eine Woche andauern, der Times die Pflicht auflegen, einige 20 bis 30 Pros und Contras zu drucken, und welche damit schließen, daß alles beim alten bleibt. Mal sind es die Armenschulen, mal die Fabrikkinder, mal die „unglücklichen Mädchen" (wie zart!), die beiläufig bemerkt immer irish girls oder french women sind; mal die Greenwich-Pensionäre, die hungern müssen, nachdem sie Englands siegreiche Schlachten geschlagen; mal die Hochschotten, die ausgekauft und infolge immer wachsender Not über das große Wasser getrieben werden. Der Mitleids-Paroxysmus, der in diesem Augenblick spielt, ist eigentlich nur eine zweite Ausführung und erinnert lebhaft an den Nähterinnen-Enthusiasmus, der dem großen outcry über die bittre Not der needle-women, besonders der Hemdennäherinnen, folgte und der (im Gegensatz zu anderen fits oder Anfällen der Art) nie vergessen werden wird, weil er die englische Literatur um zwei, in ihrer Art ausgezeichnete Gedichte bereicherte: „Das Lied vom Hemde" (the song of the shirt) und „Die Seufzerbrücke". Beide von Thomas Hood und beide von Freiligrath ganz vorzüglich übersetzt. Es handelt sich diesmal wieder um Nähterinnen, aber um eine andere Unter-Abteilung, um die Rubrik „Putzmacherin" oder milliner. Die Geschichte, die zu diesem neuesten Entrüstungsschrei Veranlassung gegeben hat, ist folgende. In Regent-Street, also ohngefähr unserem „Unter den Linden" entsprechend, lebt Madame

Die Londoner Regent Street während der Parlamentssaison

Elise, die Inhaberin eines großen, höchst fashionablen Modegeschäfts. Putz, Kleider u.s.w., alles wird hier besorgt, was die vornehme Welt für ihre Erscheinung in der Gesellschaft bedarf; Mad. Elise ist die glückliche Gattin eines Mr. Isaacsohn, woraus ich den Schluß ziehe, daß die Wiege des übrigens sehr reich gewordenen Paares nicht zwischen Seine und Loire, sondern auf jenem weiten Sumpf und Sandstrich gestanden hat, wo die Wasser der Netze und Warthe der Oder zuströmen. Also rund heraus – im Posenschen. Mad. Elise, bez. Mr. Isaacsohn beschäftigt mehrere hundert „Young-Ladies", teils als Kleider-, teils als Putzmacherinnen (dressmakers und milliners). Viele dieser jungen Damen leben auch in dem Etablissement und da Regent Street eine sehr teure Gegend und das Empfangslokal dem Geschäftsmanne die Hauptsache ist, so wohnen die jungen Damen in kleinen Bretterverschlägen, die einige untersuchende Kritiker seitdem so unzart gewesen sind, nicht nur mit Gefängniszellen, sondern mit *Särgen* zu vergleichen. In solcher Zelle (bez. Sarg) stehen zwei Betten und in jedem Bett schlafen zwei junge Damen, immer abwechselnd eine Kleider- und eine Putzmacherin. Bei Tage, d. h. von 8 Uhr früh bis abends 11, sitzen sie zu 20, 30 oder 40 in gemeinschaftlichen Arbeitslokalen; um 11 gehen sie, nach vierzehnstündiger Arbeit, in den eben beschriebenen Zellen zur Ruhe. Über die Ventilationsfrage existiert ein Dunkel, und eine unartige Zuschrift an die Times hat das in England furchtbare Wort fallen lassen: „Wie das schwarze Loch in Calcutta" (like the black hole in Calcutta)*. Eine dieser jungen Damen

* Einer der indischen Fürsten ließ im vorigen Jahrhundert mehrere hundert Engländer – Männer, Weiber, Kinder – in ein dunkles Loch stecken, worin sie in 24 Stunden in verpesteter Luft, nach gräßlichen Qualen, sämtlich starben. Seitdem ist das Wort: „black hole of Calcutta" sprüchwörtlich geworden.

nun, eine Miss Anna Wolkley, ist plötzlich gestorben. Ihr Tod hat zu einer Untersuchung geführt, und das Verdikt ist abgegeben worden: „Gestorben höchst wahrscheinlich infolge von zuviel Arbeit und zu wenig frischer Luft." Selbst im Parlament hat Lord *Shaftesbury* (in dessen Ressort diese Fragen fallen) den Vorfall zur Sprache gebracht. Die Sache ist traurig genug, und wir wünschen den hunderttausend „Anna Wolkleys" *beiderlei* Geschlechts, die in den black holes von London leben, daß es anders wäre; aber was dabei verdrießt, das ist die gleisnerische Komödie, die von seiten der respektablen Leute jedesmal bei solcher Gelegenheit aufgeführt wird. Sie fallen jedesmal und immer wieder und wieder *wie vom Monde*. Sie sind aufs äußerste überrascht, erstaunt, entsetzt, daß solche Dinge um sie her vorgehen, und dennoch ist das, was dieses Erstaunen hervorruft, in den seltensten Fällen ein Allerschlimmstes. Anna Wolkley ist an schlechter Luft gestorben; aber schon jetzt verlautet es hier und da (und ein nachträglicher Bericht bestätigt es), daß es viele tausend luft- und lichtloser Löcher gibt, in denen trotz dieser ganzen Entrüstungs-Komödie alles beim alten bleiben und fortgelebt und fortgestorben werden wird wie bisher.

1864

Die Explosion zu Erith. Auf einem Vulkan Themsewasser

p* London, 8. Oktober

[...] Die von so vielem Unglück begleitete Pulver-Explosion zu *Erith* hat zu recht bedeutenden Enthüllungen geführt. Das deutsche Spüchwort: „Wenn das Kind ertrunken, deckt man den Brunnen zu“ ist nur wiederum neu illustriert. (Es wird beiläufig echt englisch und viel gemütvoller dahin übersetzt: „Wenn das Pferd weggelaufen, schließt man die Stalltür.“) So lesen wir jetzt Eingesandts, unterzeichnet „Alarm“ oder „Einer, der auf einem Vulkane wohnt“. Wir hören, daß zu Upnor, *dicht* gegenüber den Docks zu Chatham, sich ungeheure Pulvermagazine befinden, deren Explosion jene Stadt bis auf den letzten Holzstall von der Erde blasen müßte; ferner, daß zu Portsmouth inmitten der Stadtfestung sich ein großes Pulvermagazin befindet, und zwar von einem Riesen-Gasometer der Gasfabrik nur durch ein Gäßchen getrennt von 9 Fuß Breite. Wir hören ferner, daß zu Purfleet im Pulvermagazin 50.000 Fässer Pulver lagern, also fünfzigmal die Quantität, die zu Erith oder Belvedere am vorigen Sonnabend in die Luft gegangen. Eine Explosion müßte aus dem östlichen London, Greenwich, Woolwich bis zu Gravesend an der Themse-Mündung eine Wüste machen. Und heute melden uns Leitartikel verschiedener Blätter, daß Pulverladungen auf Kähnen die Themse mitten durch London zu passsieren pflegen, während die ohne jede Aufsicht belas-

Die Explosion der Pulvermagazine bei Erith

senen Schiffer sich bei einem lustigen Feuer ihr Mittagbrot kochen, und ein Gutsbesitzer von Richmond hat dieselben sogar beim Rauchen betroffen. Aber wieviel „Unglück" ist schon in anderen Dingen an das Tageslicht gebracht, weise besprochen, und doch ist alles beim alten geblieben. Einige Blätter verlangen die Einsetzung einer Art von „Ädilen", die das Selfgovernment auf eigene Faust zur Besserung zwingen sollten. Verbesserungen geschehen aber nur in den Fällen, wo dieselben ein „Job", d. h. Profite abwerfen würden, also eine „Company" von Geldleuten hervorrufen, die dann so lange wirtschaften, bis sie ein neues Übel anstelle des alten geschaffen. So reiht sich Job an Job in schöner Verkettung, und wir können von Glück sagen, wenn das Parlament hin und wieder einen dicken Strich durch die Rechnung macht, und dieser oder jener Company verbietet, über eine gewisse Dividende hinauszugehen, wodurch der Habsucht die Möglichkeit benommen, sich durch Verschlechterung des Gelieferten zu bereichern. So dürfen z. B. die Londoner Gaskompanien nie mehr als 10 Prozent Dividende zahlen und ein gleiches Verbot soll für die großen Wasserleitungsgesellschaften bevorstehen, die ein Wasser liefern, das 22 Prozent vegetabilische Stoffe enthält (wir lassen die Zahl stehen, aber es ist einfach nicht möglich; das würde nicht Wasser, sondern ein Mus sein. D. Red.) und aus der Themse an einer Stelle bezogen wird, die sich einige hundert Ellen unterhalb der Ausleerungsröhren sämtlicher Kloaken des nördlichen Londons befindet. Dies eine Skizze unserer täglichen Leiden und Freuden. –

Bild der Zerstörung nach der Explosion der Pulvermagazine bei Erith

Mr. Gladstone und die Penny-Blätter
Londoner Trinkwasser

p* London, 15. Oktober

In einer seiner Novellen sagt Disraeli, es gebe nichts Komischeres, als einen stoischen Philosophen, der unter Zahnschmerzen stöhne, oder einen lyrischen Dichter, welcher sich mit der Gicht zanke. Aber man ergänze diese Beispiele mit einem dritten, dem eines Staatsmannes, welcher die englische Penny-Presse für eine „konservative Macht" erklärt. Das hat *Gladstone* getan auf seiner ersten diesjährigen Rundreise-Station, in Bolton. Geschah es aus Dankbarkeit, weil ihn diese Presse immer von der besten Seite auffaßte, oder war es nur eine Umschreibung eigenen Lobes, da „Er" die Masse billiger Blätter voll unbilliger Politik durch die Aufhebung der Papiersteuer geschaffen. Der „Morning-Star", der Revolutionen ausputzt für das unenglische Ausland, aber kein Blut sehen kann, die radikalen Wochenblätter: „Penny-Newsman", „Weekly Times", „Lloyd's Newspaper" und das Organ der Proletarier „Reynold's Newspaper", mit ihrer halben Million von Sonntagslesern, – mit welchem Erstaunen muß sich diese Presse unter die „konservativen Mächte" gereiht sehen, mit ihrer zersetzenden Gesellschaftsmoral, ihrem Aufeinanderhetzen der „Klassen", ihren Verbrecher-Skizzen, voll eines Zynismus, der die Appetite der Leser gegen alles, was nicht Cayenne-Pfeffer, abstumpft. Möglich, daß Gladstone diese Blätter nie gelesen und nur von ihren Tugenden träumt, weil seine eigenen Silberlöffel noch vollzählig sind, oder weil er solche Seelen, die nur Gutes von ihm reden, für seelensgut hält. „Dic Penny-Presse", sagt der Minister, „steht keinem nach in Achtung vor moralischen Prinzipien, Achtung vor persönlichem Charakter, Pflichttreue und – was ihr Lebens-Element – in Gesetzessinn und Loyalitätsgefühlen für den Thron. Sie hat nicht nur ‚unschuldige' und nützliche Belehrung unter den Massen verbreitet, sondern auch zur Stabilität der Institutionen beigetragen. Sie ist im ‚höchsten Sinne' des Wortes zu dem Ehrentitel ‚einer durchaus konservativen Macht' berechtigt." Bei *der* Stelle fiel tatsächlich ein Mann dicht vor Gladstone um, wie die Reporter melden. Große Hitze machte ihn ohnmächtig, setzen sie „arglos" hinzu. Die Penny-Presse scheute nicht die Ausgabe, sich die Lobrede wörtlich telegraphieren zu lassen. Der Minister hat übrigens bei seiner Rundreise die beste Gelegenheit, zu sehen, wozu ihm seine Schoßkinder verholfen: 30.000 Arbeiter im Strike in Süd-Staffordshire. Haltet nur aus, rief die Penny-Presse. Und sie haben vier Monate ausgehalten. 4000 Arbeiter im Strike in Warwickshire. Haltet aus, ruft die Penny-Presse. Und sie haben förmliche Gelübde abgelegt, bis Weihnachten zu faulenzen. 5000 Arbeiter in den Eisenfabriken um Birmingham brotlos, weil die ausfallende Zufuhr billiger Kohlen den Schluß der Fabriken erzwang. Haltet aus! ruft die Penny-Presse. Und sie warfen explodierende Blechflaschen in die Schlafzimmer von Arbeiterfamilien, deren Ernährer nicht mithungern will, sondern zu niedrigerem Lohnsatze fortarbeitet. Birmingham ist mit stürmischen Meetings bedroht und die Lanzier-Regimenter in der Stadt haben den Stiefel im Steigbügel. – [...] Noch einmal das Themse-Wasser. Wie Sie ganz richtig andeuteten, bedarf die von mir gegebene Notiz einer Korrektur. Es war ein Schreibfehler. Unser Röhrenwasser enthält nicht „22" sondern 12 pCt. an vegetabilischen Stoffen *„und"* absolut ungesunden „liquids", gemäß den regelmäßig veröffentlichten Rapporten. Einige Wasser-Gesellschaften bringen es sogar zu 13½ pCt., andere mit besseren Filtrier-Apparaten bleiben bei 9–10 pCt. „Gesundheitsschaden“ stehen. Übrigens werden hier in „wohlhabenden“ Küchen kleine Filtrier-Maschinen gebraucht, welche das Versäumte nachholen müssen, ohne indes das Wasser bis zur Trinkbarkeit veredeln zu können, höhergelegene Vorstadtstraßen abgerechnet. – […]

Remember, Remember! Der Organismus ein Eckstein

P* London, 5. November

Remember! Remember, the fifth of November. Es ist Guy Fawkestag 1864! Auf den Straßen rufen alle, die sich noch über die ersten Pantalons freuen: „Remember!“ Aber namentlich sind es die unbeschreiblichen kleinen City-Araber, die Schlamm-Nomaden, die vor unseren Fenstern heute Morgen „Flüche in Versen“, die Jahrhunderte alt, gegen die „Papisten“ absingen, welche vor drittehalb hundert Jahren das Parlament in die Luft sprengen wollten. Und sie erhalten überall Spenden und ziehen weiter mit ihren Guy Fawkes von Pappe oder Lumpen, gräulich ausstaffiert, auf einem Esel reitend oder auf einen Karren gepflanzt, das papagenohafte Gefolge hinterher. Mitunter wird später auch die Puppe verbrannt. Feiner Leute Kind lassen Raketen knallen im Garten hinter dem Hause. Leute, die wenige Feiertage haben, machen aus diesem Tage einen solchen und geben einen Kaffeeklatsch mit Kuchen. Alle Schulen haben Feiertag und in der Provinz werden noch Gottesdienste abgehalten zum Gedächtnis der Pulververschwörung. Die Blätter veröffentlichen eine Rede des Vikars Stevens, in welcher dieser als Protestant die Fortsetzung dieses „jährlichen Insults“ rügt, sowie namentlich eine gewisse „Gebetformel“ über die Pulververschwörung, die noch heute einen Platz im Gebetbuch der anglikanischen Kirche finde. Wie sehr indessen auch zur Karikatur verzerrt, es wäre voreilig, zu glauben, daß dieser Feiertag so gar leicht „abgeschafft“ werden könnte. Diese Zähigkeit im Festhalten an kirchlichen Partei-Traditionen ist ein tief wurzelnder Zug im englischen Volke; Gegensätze, die im Bereiche einer Insel jahrhundertelang blutvoll aufeinander platzten, versöhnen sich nur wieder in Jahrhunderten. Und das Jahr 1864 war nicht dazu angetan, diesen Prozeß zu befördern. Es sind Parteien, die namentlich in der Provinz noch heute „Agag“ mit einer Eisenstange niederzuschlagen und auf „Baal“ mit einem sechsläufigen Revolver zu zielen jeden Augenblick bereit wären; sei auch „Agag“ nur ein Viertelkommissarius und „Baal“ ein Armenhauspedell, beide im Besitz der harmlosen Sammelnamen Robinson oder Bumble, so genügte es, daß sie von der „feindlichen Kapelle“ überm Wege. Wie auch die Auswüchse beschaffen, die bei intensiven Extremen nie fehlen, es liegt „Muskel“ in alledem. Der Orangeman ist derselbe Cameronianer der alten Tage; aber er ist ein felsenfester Royalist. Jene nordöstliche Ecke Irlands, z. B. die Provinz Ulster mit ihrem eingewanderten Schottentum, würde in allen Fällen, wo dem protestantischen Königtume Gefahr drohte, als ein absolut verläßlicher Eckstein befunden werden. Und das weiß man vollständig in England. [...]

1865

Die Bourgeoisie und die Arbeiter
Was John Bright den Arbeitern gönnt und was nicht
Die Blaubücher des Elends

p* London, 21. Januar

In mehr als einem Lande ist es die Politik der Bourgeoisie (des Liberalismus in Glanzstiefeln) gewesen, die Arbeiter „politisch und literarisch“ zu beschäftigen; – das kostete nur schöne Reden, während ein Hinweis auf Besserung ihrer äußerlichen Lage möglichenfalls mit Geldeinbußen für die Fabrikherren usw. verknüpft gewesen wäre. In Deutschland und in Preußen haben augenscheinlich viele Arbeiter verlernt, ihre wirklichen Wohltäter unter jener liberalen oder demokratischen Bourgeoisie zu suchen. Für Ähnliches mehren sich die Anzeichen auch in England. Ungeachtet des dick aufgelegten Firnisses von Gleichheit und Brüderlichkeit hat die Manchesterpartei öfters schon den Verdacht wachgerufen, daß sie die Arbeiter in der Weise in Schutz nehme, wie die bekannte Skala andeutet: „Erst komme ich, der Geldmann und Fabrikherr, dann noch einmal ich und dann noch dreimal, dann meine Freunde und dann Du!“ Bei Arbeitseinstellungen verhält sich deren Presse meist nur referierend. Sie bedarf der Sympathie der Arbeiter und braucht sich andererseits in keine ausdrückliche Parteinahme für den Fabrikherrn einzulassen, weil sie das Ende doch voraussieht, daß nämlich die ersteren Sieger bleiben. Einzelne Ausnahmen fixieren nur die Regel. So hat sie die Partie der Zimmergesellen angenommen, die eben einen Strike über ganz England ausgeführt, indem sie sich der Einführung von Entlassungsscheinen, welche die Zimmermeister vornehmen wollten, widersetzten. Und letztere haben nachgegeben. Aber das tangiert die großen Fabrikherren von Birmingham und Manchester nicht. *John Bright*, der Führer der Manchesterpartei, nächst Cobden, hat endlich die „Katze aus dem Sack gelassen". Er hat soeben zwei Reden gehalten, eine an seine Wähler zu Birmingham (eine politische) und Tags darauf eine an die Handelskammerleute derselben Stadt. In ersterer dankte er, sozusagen, allen Mächten der Ober- und Unterwelt, gut oder übel, die einen Krieg für Dänemark verhindert haben; „wie" und „warum", darauf komme es nicht an. Dann spielte er auf der Baßsaite „Reform", „Wahlrecht für die Arbeiter" und versicherte diesen, daß, wenn die 5 bis 6 Millionen Nichtwähler Englands nur alle insgesamt und einig ihre Augen mit einem *„recht intensiven ernstlichen Blick"* auf die Portale des Unterhauses richteten, keine Macht es wagen würde, ihnen nur eine Woche lang ein „Nein" zuzurufen; weder die bequemen Gentlemen, die sich dort „rekelten", könnten das, noch das Dutzend von sogenannten Staatsmännern, die in Downing-Street „schläfrig nickten", noch die drohendere Macht weiter hinauf in Whitehallstreet (d. h. das Oberkommando der Armee, die Horse-Guards). Das ist ein Wink für die Nichtwähler und eine „Drohung" zugleich, und ohne Zweifel brachte ihm das manche Cheers ein in den Lesezimmern für Arbeiter. Aber Bright ist auch Fabrikherr. „Politisieren" tut den Arbeitern „gut"; aber vor der Handelskammer am nächsten Tage kam ein Thema zur Sprache, das den Vivatrufern die Augen öffnen sollte. Bright sprach sich ganz entschieden gegen eine neue *Faktorei-Akte* aus, durch welche das „Parlament" die Arbeitszeit von Kindern unter einem gewissen Alter beschränken wolle. Das greift in die Tasche der Baumwoll-Lords. Da hörte der Spaß auf. So sprach denn der „Freund der Arbeiter", John Bright, folgendes: „Ich bin für eine Verkürzung der Arbeitsstunden, aber das ‚Parlament' soll nicht sich in die *freie Aktion* zwischen Arbeit und Geschäft in diesem Lande mengen." Diese „freie Aktion" hat seit dreißig Jahren eine Sklaverei der Arbeiterkinder in England geschaffen. Aber der Manchestermann sagt zu dem von Arbeit verkrüppelten Knaben: „Gehe, Du bist ja frei, zu gehen"; zu dem Vater, dessen achtjährige Tochter bereits eine *Brille* tragen muß: „Da drüben hat der Fabrikherr Dir eine Schule gebaut, schicke Dein Kind dorthin am Sonntag." Aber Vater und Tochter haben nur *einen* guten Schlaf allwöchentlich und das ist am hellerlichten Sonntag! Er sagt zu dem Arbeiter: „Dort ist ein Lesezimmer – bilde Dich"; aber der Arbeiter ist todmüde am Abend – denn die „freie Aktion" hat ihm die vollen langen Arbeitsstunden belassen. Und dann macht John Bright noch einen grausamen Scherz: „Bis jetzt hat die Einmischung des Parlaments noch nicht die ländlichen Arbeiter erreicht; wollte man vorschlagen, die kleinen Knaben, welche als Vogelscheuchen auf den Feldern verwendet werden, nicht unter einem gewissen Alter zu beschäftigen oder sie zur Schule zu schicken, die Gentlemen vom Lande würden weniger für eine Bill zur Abkürzung der Arbeitsstunden der Kinder usw. *schwärmen.*" Der „Freund der Arbeiter" erwähnt mit keiner Silbe der *„Blaubücher des Elends"*, die von Regierungs-Kommissarien, welche die Fabrikdistrikte Englands bereist haben, vor kurzem veröffentlicht worden sind. Da liest man von fünfjährigen Kindern, die schon Handschuhe nähen, 14 bis 16 Stunden täglich bis in die Nacht hinein; von Scharen kleiner halberblindeter Mädchen mit *Brillen*, die morgens früh von den Eltern zum Hospital für Augenkranke geführt und dann zurück in die Arbeitsstube getrieben werden. Da liest man von kleinen Knaben von drei Jahren, die am Feuer kauern, mit heißen Bügeleisen in der Hand, einige die versengten Händchen in Wassernäpfen kühlend, andere mit verbundenen Händen auf dem Strohlager sitzend, „weil ihnen die Finger aus den Gelenken gegangen“. „Sowie ein Kind nur eine Nadel fädeln kann“, sagen die Kommissarien, „ist es zum Elend gebucht.“ Da liest man von arbeitenden Müttern, die ihre arbeitenden Kleinsten mit Stecknadeln an ihre Schürze heften. „Wir tun das, damit, wenn sie vor Müdigkeit umfallen, es nur eines ‚Rucks‘ braucht, um sie wieder auf die Beine zu stellen, sonst würde die *Arbeit* unterbrochen.“ Dies die den Kommissarien gegebene Erklärung. Freilich geschieht dies nicht in den Fabriken selbst. Das Gesetz verbietet dort die Beschäftigung so junger Kinder. Aber es wird umgangen. Man gibt die Arbeit „aus“, wo es angeht, und in der Familie, in Privathäusern wird die Tretmühle in Gang gesetzt. Wir lesen in jenen Blaubüchern von einem zwölfjährigen Mädchen, das nicht wußte, daß ihre Königin Victoria heiße, und von einem 25jährigen Burschen, der Frankreich für einen General erklärte. Man fand 32 halberwachsene Krüppel, die *nie* von einer Königin gehört. Andere sagten, *sie* wäre der „Prinz von Wales“. Ein 14jähriger Knabe sagte den Kommissarien: „Ich gehe zur Sonntagsschule, aber wir erhalten nur Schläge. Der Lehrer ist 11 Jahre alt, aber ein *viel* stärkerer Knabe, als ich.“ Ein anderer wußte nicht, ob ein Fluß ein Wasser oder ein Hügel sei! Ein Mädchen wußte nicht, was eine Primrose (Primel) bedeute, hielt ein Veilchen für den Namen eines Vogels, und als ihr die Abbildung einer Kuh gezeigt wurde, rief sie: „Das ist ein Löwe!“ Einige Kinder sagten, London sei ein Land, andere, es wäre ein „Ding in der Ausstellung“. Und solche Antworten kamen selbst von jungen Leuten, 15 bis 17 Jahre alt! Ein Knabe, befragt, was er denn in der Sonntagsschule gelesen, erwiderte: „Ich glaube, es wird Testament genannt; aber ich weiß nur bestimmt, es ist darin die Rede von ‚schlechten Menschen, die Geld wechseln‘.“ Ein anderer sagte: „Nach dem Tode werden die Gottlosen worshipped (angebetet), *das heißt*, sie gehen zur Hölle.“ Ein Bube sagte: „O, ich weiß der T... ist eine gute Person.“ Und so geht es fort. Ich zitiere einfach aus jenen offiziellen Dokumenten. Die Sonntagsschulen stehen oft unter „Knaben“ als Lehrern. So verursachen sie dem Fabrikherrn keine „Gehaltsausgabe“. Die Berichte bezeichnen die Arbeiterjugend als „halb blödsinnig und geistig wie körperlich verkrüppelt“. „Und solchen Dingen gegenüber“, sagt der „Daily Telegraph“, „widersetzen sich John Bright und die Fabrikanten von Birmingham [als] ‚Einmischungen der Gesetzgebung‘?“ Dies zur Geschichte der „freien Aktion“ zwischen Arbeit und – Geschäft! Aber der Manchestermann legt dem Arbeiter die Hand auf die Schulter und sagt: „Das alles beiseite! Du sollst teilhaben an der Regierung. Du sollst zum Parlament wählen.“ – Und das Blaubuch sagt: „Völlige Unwissenheit über unseren Heiland ist die Regel in den Fabrik-Distrikten.“ – Wer denkt nicht dabei an die „goldenen Aschenäpfel“?

Irische Auswanderung und parlamentarischer Eifer

P* London, 18. Februar

[...] Irlands Wohl und Wehe, seine Auswanderung, kam schon ein halbes Dutzend Mal zur Sprache. Der „Daily Telegraph“ spendet den vertuschenden Phrasen des Ministers für Irland, Sir Robert Peel, seinen Beifall mit den „sehr würdigen“ Worten: „Wir sind überzeugt, daß die vorherrschende Ansicht im Hause die ist, daß die massen-

Emigranten am Schiff *Ganges* vor der Abreise nach Kanada

hafte Auswanderung aus Irland noch nicht massenhaft genug, und daß es uns sehr willkommen wäre, wollten die irischen Antragsteller sich an die Spitze ihrer Landsleute stellen und sämtlich nach Amerika wandern." Das ist liberale, „volksfreundliche" Politik! – Zwei Tage später mußte der Sprecher des Unterhauses bei Beginn der Sitzung lange seinen Sitz leerstehen lassen, weil das Haus aus Mangel an Members of Parliament nicht stimmfähig war. Aus der Vollzahl von 563 fanden sich endlich mit Hülfe der in Cafés, Clubs, Theater entsendeten Whippers-in (Eintreiber) mit Mühe und Not 40 zusammen, aber als der Irländer *Scully* die alte Beschwerde über die Verpflichtung irischer Katholiken, zum Unterhalt anglikanischer Geistlichen Steuern zahlen zu müssen, wieder einmal anregte, liefen die 40 Gesetzgeber bis auf 7 oder 8 davon. Diese „Nagelprobe" des Parlaments galt aber doch für genügend, noch eine Stunde lang über Erleichterungen in dem System des Grund- und Bodenkredits zu diskutieren. Am besten kommen die Spekulanten fort, welche einer vom Parlament genehmigten Privatbill für ihre Zwecke und Profite bedürfen. Zwar kostet solch ein Dokument alles in allem 1000 Pfund Sterling, aber es verlohnt sich der kleinen Auslage, denn nur sehr selten mäkelt das „Plenum" an dem, was die Vier von Komiteen, seien es nun Advokaten oder Fuchsjäger, Eisenbahn-Direktoren oder Ale-Brauer, für gut und rätlich darüber beschlossen haben. – […]

Der Whipper-in und die Pluralisten

p* London, 18. März

Kein Beamter hat in England gegenwärtig leichteren Dienst, als Mr. *Brand*, der besoldete Whipper-in des Kabinetts. Ihm sind die dünnbesetzten Häuser ganz recht. Was sonst Mietskutschen und Boten in Masse leisten mußten, um die säumigen Parlamentsmänner aus der Oper, aus den Konzertsälen, aus Clubzimmern und vom heimischen Kamin zusammenzurufen, wenn im dringenden Notfalle die Firma Palmerston-Russell und die Opposition ihre Truppen bereithält, tut jetzt ein Klingelzug. Es sind immer einige da in den Speisezimmern, die schnell in den Saal stürzen können und eine Debatte totstimmen, von der sie kein Wort gehört. Wir haben jetzt Häuser von acht bis zwölf Personen gehabt im gähnend öden Raume des Unterhauses. Dann ist irgendwie etwas Irisches oder Indisches auf dem Tapet. Namentlich Indien wirkt wie eine Vogelscheuche. So hatte ein indischer Fürst, den die alte ostindische Kompanie übertölpelte, schon dreimal an die Gerechtigkeit des britischen Parlaments appelliert, Rechtsgelehrte und Zeugen machten die tausendmeilige Reise, aber dreimal fiel die Sache wegen nicht vorhandener Abstimmungsfähigkeit; in dieser Woche nahm er sich wiederum die Mühe und ein dutzend Gentlemen nahm sich die Mühe, einige Worte darüber zu verlieren. Dann scholl die Klingel, gegen dreißig huschten vom Dessert in die Stimm-Logen (lobbies) und in zehn Minuten war die Sache der Gerechtigkeit erledigt, das heißt: zu den Akten gelegt. Die Presse, mit Ausnahme der Times und einiger anderer Organe, die, wie man hier sich äußert, die Politik des „harten Geldes" vertreten, bedauerten diese Nonchalance aufrichtig in diesem Falle. Außerordentlich war an

Reporters' Room im britischen Unterhaus

einem Tage dieser Woche die leibliche Gegenwart von 300. Es galt einer Eisenbahn-Bill, die man zu verwerfen hatte, weil ihr Inhalt mit den Privatinteressen einiger Eisenbahnen kollidierte. Kein Zweifel am Erfolge des Veto, denn es sind 152 Eisenbahndirektoren im Hause (womit ich die früher angegebene Zahl von 100 pflichtschuldigst verbessere). Auch über dieses Veto, das ganzen Provinzen die Kohlenzufuhr verteuert, seufzt die Presse, aber eine Zeitungsnummer lebt nur 12 Stunden. Bei dieser Gelegenheit sei erwähnt, daß volle 100 Bankdirektoren im Unterhause „sitzen", d. h. „wenn sie da sind", wohlgemerkt. Man nennt sie vorzugsweise „Pluralisten", weil jeder vier, fünf und mehr Banken verwaltet zum Wohle der Aktionäre. Es gibt auch andere „Pluralisten", wie Mr. Edmunds, dessen Affäre jetzt unter der Diskussion eines geheimen Comités des Oberhauses ist. Wenn nun ein Beamter zusammenbricht, oder eine Bank, sowie eine Handelsgesellschaft bankerott wird, so können Sie sicher sein, daß Pluralisten an der Spitze stehen. Ein Blatt führte ein ganzes Register solcher Leute an. Ein besonderer Pluralist ist z. B. ein Mr. Dakin. Derselbe ist seines Zeichens ein Teehändler und hat *neunzehn* Ämter; er ist Alderman der City und Sheriff der City, Direktor von fünf Banken in Europa, Afrika, Ostindien und Neuseeland, Direktor von zwölf kommerziellen Gesellschaften, die sich auch über den ganzen Erdkreis verteilen. Ohne Zweifel verwaltet er die neunzehn Ämter vortrefflich, solange die Sache nicht schief geht und die Clerks in Afrika oder in der Südsee keine Rechenfehler in den Billanzbogen machen, die ein guter Pluralist zweimal im Jahre in gutem Glauben mit seiner Direktoren-Vidi zu versehen hat, wofür ihm die dankbaren Aktionäre dann auf der Generalversammlung den Dank in üblicher Form abstatten und ihm für ein weiteres Jahr erlauben, 500 Pfund Gehalt zu ziehen, was mit 7, 8, 10 oder 19, wie oben, multipliziert, ein sicheres Palliativ-Schutzmittel gegen mancherlei Beschwerden des Lebens sein soll. [...]

Neue Gaunerstückchen

P* London, 25. März

[...] Über eine neue Art Bettelei beklagen sich Eingesandts in den Blättern, eine Art, die an Originalität ihresgleichen sucht. Die Beschwerdeführer, merkwürdigerweise meist Advokaten, berichten, daß fast regelmäßig an jedem Morgen, sobald sie, von ihrem Landhause kommend, auf den Londoner Bahnhöfen aussteigen, alte Frauen in sehr zerlumptem Kostüm ihnen entgegentreten und in Freudentränen ausbrechend, diesen oder jenen Grad von Blutsverwandtschaft beanspruchen, um Geld zu erpressen. Diesem und jenem sehr sauberen und sehr ernsten Justizmanne fiel eine solche Gestalt um den Hals, mit überlauter Stimme rufend: „Mein Sohn, mein so lange verloren geglaubter Sohn, schäme Dich Deiner notleidenden alten Mutter nicht!" Im Nu ist eine Massengruppe fertig. Viele der Neugierigen haben allen Ernstes öfters die Partei der „Mutter" genommen, da sie aus Zeitungslektüre an gar seltsame Enthüllungen aus englischen Familienkreisen gewöhnt werden, und wie sehr auch der erstaunte „Sohn" protestierte und oft in der Angst mit juridischer Präzision den Herren Straßenjungen seine Verwandtschaft aufzählte, unter welche die Bittstellerin nie gehört hätte: es half ihm nichts. Er konnte dem Auflauf und der „Erkennungsszene" nur durch eine Spende entgehen und hatte noch „moralische Vorwürfe" der Umstehenden mit auf den Weg nach seinem Bureau zu nehmen. Das Heiterste ist, daß einige, welche die aufgedrängte Mutter einem „Gentleman der Polizei" übermachen wollten, von diesem mit jenem leisen achselzuckenden Lächeln, wie nur ein Londoner Policeman lächeln kann, die Antwort erhielten: „Ich habe Ordre, mich nie in Familienangelegenheiten zu mischen.“ Seit den öffentlichen Eingesandts ist diese Art der Geldspekulation in Verfall gekommen; sonst wäre es nötig, daß ein Reisender wenigstens seinen Geburtsschein in der Rocktasche zu allen Zeiten mit sich führte, um den Gefahren einer „Beschämung“ als „undankbarer Sohn“ vorzubeugen.

Zum Derby-Tag

p* London, 29. Mai

In seinen Reisebildern beschreibt Heinrich Heine den ersten Eindruck, den Göttingen auf ihn gemacht, als am Tore ihm zwei kleine Buben entgegenkamen, die laut vor sich her „mensa“ deklinierten. Zwischen heute und Ultimo hören Sie mehr Griechisch und Latein in und um London gesprochen, als „the Queen's English“. Der Bäkker, der Ihnen morgens das frische Gebäck vor die Türe bringt, ruft „Brahma“, der Schlächter zu Pferde, welcher bei seinen Kunden auf dem Lande sich in dieser Kavaliermanier die Ordres einholt, vermischt unwillkürlich die Worte „Audax“ oder „Ariel“ mit seinen Fragen. „Archimedes!“ ruft ein Straßenjunge und mit „Barbarossa“ fährt ihm ein anderer kleiner Streithammel in die Haare, während ein dritter mit dem großen Worte „Gladiateur“ den Streit zu schlichten sucht. Damen auf der Promenade sprechen über „Chatanooga“, „Zephyros“ oder „Zambesi“ und in der Schule „kietern“ die Jungen mit Penny-Wetten für oder gegen „le Mandarin“ oder „Araucaria“. Der „Derby-Day“ ist vor der Tür, der Ehrentag für alle, die mit dem *Pferde* zu tun haben. Es wimmelt von bunten, gelben und roten oder weißen Jockey-Kappen unter groß und klein, selbst auf gelehrten Schädeln. Der feinste Pariser Hut hat keine Geltung dagegen. Leute, die nie zu Pferde gesessen, schnallen sich Reitgamaschen der Respektabilität wegen an. Kutscher und Stallknechte sind nie so „purpurrot“ und sehen nie so verwöhnt aus, als um diese Zeit und ist jemand um einen Liebesnamen verlegen, er wähle „Archimedes“ oder „Känguruh“ und sein Gefühl wird verstanden. Seit Monaten schwanken die Wetten auf diesen oder jenen „Favoriten“. Gegen zwei Millionen

Derby-Tag: alles rennt, um den Endspurt zu sehen

Pfund Sterling werden Hände und Taschen wechseln. Leute, die aus Prinzip nie wetten, machen ein Prinzip aus dieser einzigen Ausnahme, dem Derby-Day. Wettet der Lord um Tausende, so macht die Köchin mit dem kleinsten „Tiger“, d. h. dem noch zugeknöpften Groomzwerge des Haushalts, ihr Wettchen, „sweep stakes“ geheißen, um einen Schilling oder zwei. Die ostindischen Nabobs spielen diesmal mit, Dank dem fertigen Telegraphen, und Annoncen über Annoncen von Wett-Agenten, Wett-Traumbüchern, verführerischen „Aussichten“ (manche leider mit der häßlichen Devise: „des Armen Traum“, auf kleiner Leute Spielwut berechnet) wechseln in den Sportzeitungen, welche „Künstler“ für das Porträt des vierbeinigen Gewinners engagiert haben. Die Pfandleiher machen „a roaring trade“, d. h. „ein brüllendes Geschäft“; denn da halb London nach den Wiesen von Epsom auswandern wird, familienweise oder in ganzen Verwandtschaften, wird oft der halbe Hausrat versetzt, um einen Tag sehr „grand“ zu leben. Für das Volk ist der Derby-Day der Berliner Stralauer Fischzug, tausendmal mit sich selbst multipliziert. Das Parlament wird „feiern“, halbe Schulen werden „fehlen“, die Comtoire werden mit halbem Stabe arbeiten müssen und die besten Rechner werden sich in der einfachsten Addition irren, bis der Telegraph den Namen des „Gewinners“ bringt und Plakate alle Ecken füllen. Diesmal ist die „Spannung“ ungeheuer, denn ein „Favorit“ nach dem andern wurde unwohl. So ist „Herzog“, wie es in dieser Sprache heißt, „gekratzt“, er hat den Husten bekommen, „König“ ist „gekratzt“ (ausgestrichen), da er einmal gehinkt, „Barbarossa“ desgleichen wegen verdächtigen Mangels an Appetit. Nun ist ein französisches Pferd Gladiateur – (Vater „Monarque“, Mutter „Miss Gladiator“) – erster „Favorit“ wegen vielversprechenden „exzellenten Durstes“, was wohl als ein gutes Vorzeichen gelten muß. Das macht die Presse melancholisch, denn auch für die Oaks-Rennen ist ein französisches Pferd „erster Favorit“ und bei den letzten Rennen in Somersetshire gewann ein Franzose, desgleichen ein halbes Dutzend Mal bei vorjährigen Rennen. Die „Sunday-Times“ macht die Nutzanwendung: „Das beweist eine gesunde und robuste ‚Freie-Luft-Politik‘ auf seiten des Kaisers.“ Heute erfolgen schon die Transporte der „Pferde“ in Spezialzügen der Eisenbahnen, jedes als Passagier erster Klasse mit weichster Verpolsterung und unter Bewachung von zwei oder drei Garçons, welche sich bei dem „delikaten Liebling“ in Nachtwachen ablösen müssen, um denselben vor den Streichen hämischer Intriganten sicherzustellen. Wieweit die Zärtlichkeit für das Pferd getrieben wird, beweist, daß jüngst zwölf Pferde-Agenten monatelang in Bewegung gesetzt wurden, um die Mutter eines „Favoriten“, der sich ausgezeichnet, ausfindig zu machen. Man fand sie als verbogenen „Sandgaul“ endlich auf, in jämmerlichster Verfassung, brachte sie mit Triumph vor eine Marmorkrippe und pflegt sie, ihrem „Sohn“ zu Ehren, bis auf ihre ältesten Tage.

Ein Lachs in der Themse

p* London, 3. Juni

[…] Ausdauer kann man den Engländern nicht absprechen. Ungeachtet des elenden Zustandes, in welchem sich bis vor kurzem das Themsewasser befand, begründete sich doch eine Thames-Angling-Protection-Society vor mehreren Jahren. Da keine Fische mehr in dem Schwarzwasser Londons leben wollten, half die Gesellschaft der Natur nach, brütete alljährlich 40.000 Fische aus und warf sie in den Strom. Und in der Tat, schließlich half das. Auch die Fische gewöhnten sich an ihr faules Element, und seitdem durch ungeheure Kloaken-Umlagen (unberufen!) eine Säuberung des Gewässers erzielt worden, hat man sogar in voriger Woche den ersten Lachs wieder in der Themse-Mündung gefangen. Der Verwegene wurde auf dem großen Fischmarkt von Billingsgate ausgestellt und mancher dicke Alderman der City (Aldermen der City sind immer dick) stahl sich ein Stündchen von der „vermutlichen" Arbeit hinweg und machte dem Unglaublichen seine Visite. Der Fisch wanderte denn auch schließlich in den Magen dieser Behörden. Bei London haben wir es erst zu einem kleinen Fisch gebracht. Er wurde vor vierzehn Tagen im Schlamm aufgelesen und war nur eine Kreuzung zwischen Kaulbarsch und Ikeley, von drei Zoll Länge. Indessen ist, wie uns die deshalb geschriebenen Leitartikel versichern, aller Anfang sehr schwer.

To the sea-side. Das Kabel

p* London, 9. August

Die Londoner Saison ist vorüber. „The family is gone to the sea-side" (die Familie ist im Seebade), ist der Bescheid an vieltausend Türen, auch wo die Leute zu Hause sind, aber des „respektablen Scheines" wegen die Fenster verhängen und hinten hinaus logieren. So war auch Abd-el-Kader zu spät gekommen, um noch zum „Löwen des Tages" gemacht zu werden, obwohl die Presse ihn als einen „muhamedanischen Gentleman von allerhöchster Distinktion" der Courtoisie der Autoritäten empfohlen. Man hat ihm den eben pensionierten Direktor des Britischen Museums, Professor Panizzi, als Führer durch die Kuriositäten der Weltstadt beigesellt, desgleichen zwei andere Professoren, einen von der Universität Londons, den anderen von der Glasgows, einer wißbegierigen japanischen Reisegesellschaft als Instruktoren auf einer industriellen Spritzfahrt durch die englischen Fabrikstädte mitgegeben. Prinz Satsuma hat diese japanesischen Jünglinge hierher geschickt. Bei dem anerkannten Talente jener Insulaner für mechanische Kunststücke kann die Reise mit Nutzen vor sich gehen, falls sie nicht in die Lage kommen (wie der japanischen Gesandtschaft von 1863 passierte) bei ihrer Rückkehr in die Heimat mit dem Privilegium beehrt zu werden, sich kunstgemäß selber aufschlitzen zu dürfen. (Ist wohl nur so erzählt worden.) [...] Nach dem Tone der hiesigen Blätter zu schließen, legt man die traurige Bekanntmachung der Kompanie, daß sie bis auf weiteres die Bulletins über das Befinden des atlantischen *Telegraphenkabels* wegen Mangels aller Lebenszeichen einzustellen gedenke, dahin aus, daß die Sache für mißlungen gehalten wird, wenigstens für 1865. Die Depeschen aus

Der Bruch des Atlantik-Telegraphenkabels
an Bord der „Great Eastern"

Valentia, „tote Erde", beweisen einen „Bruch" oder absichtlichen „Schnitt", und, wenn die betreffenden Kalkulationsmaschinen nicht trügen, gegen 1200 Meilen weit von der irischen Küste an einer Stelle, wo der Boden des Ozeans sich in Alpen und Täler spaltet. Auch „Punch", der einst die Ungeheuer der Tiefe in einer Fehde gegen das Kabel darstellte, kann möglicherweise das Richtige vorgeahnt und eine Seekuh oder eine Seeschlange, der eine Depesche in den Magen gefahren, Guttapercha für gute Prise erklärt haben. Es wäre dies das dritte Fiasco eines solchen Unternehmens. Den Aktien-Inhabern gelang es schon am Freitage kaum noch, ihre Aktien mit „58 Guineen percent“ zu verassekurieren. Jeder Nicht-Aktionär trägt die Sache natürlich leichter, und an denen, die plötzlich rufen: „Haben wir es nicht vorausgesagt?“ ist nach solcher Niederlage, wie immer, kein Mangel. [...]

Eine Fahrt in der Luftdruck-Eisenbahn

p* London, 13. November

[...] Bei der jüngst stattgehabten Einweihung einer neuen pneumatischen Eisenbahnstrecke zu London fanden sich mehrere Waghälse, um als lebendige Fracht durch die dunkle, drei englische Meilen lange Tube oder Röhre von 4 Fuß Durchmesser und 4½ Fuß Höhe hindurchgeschossen zu werden. Und so geschah es. Nach sieben Minuten schossen sie wieder ans Tageslicht, rußschwarz und „die Sinne des Gehörs und Gesichts in merklicher Konfusion". Einer der komprimierten Luft-Passagiere schildert die Fahrt, wie folgt: „Ich lag wie ein Mazeppa auf einem Mehlsacke. Es ging rasend schnell. Alle Haare standen mir zu Berge. Es rasselte, pfiff, schrillte, und es war mir, als risse man mich über einen Knüppeldamm. Dazu heulten die unterirdischen Nebel-Schallsignale. Auf das Ohr macht dies den Eindruck, als sänke man in die See in einer Taucherglocke. Ich konnte einen halben Tag lang nur mit Mühe hören. Am peinlichsten waren die Stöße, wenn es um die Ecke ging. Ich tue das nie wieder." [...]

Die Luftdruck-Eisenbahn: das Ende der Eisenbahnstrecke in Holborn am Eröffnungstag

Rinderpest und Fleischpreise

P* London, 21. November

[...] „Rinderpest, dein Name ist Fleischer!" So karikiert „Punch" diesen achtungswerten Stand, weil derselbe allein die künstliche Fleischteuerung macht und hält. Bis jetzt sind der Seuche 20.000 Haupt Vieh zum Opfer gefallen, weniger als die Einfuhr in einer einzigen Woche ersetzt

Des Teufels Metzger, oder: die wahre Rinderpest

und nur ein halb Prozent vom Viehbestande Englands. Dieses halbe Prozent übersetzt sich im Fleischerladen mit 52 Prozent Aufschlag. Man grollt, räsonniert und schilt in der Küche des Lords, der seinen Fleischer mit Bank-Anweisungen honoriert, und am Kaminfeuer der kleinen Hausstände. Um mit dieser Zeit Schritt zu halten, sind auch Eier um 100 Prozent im Preise gestiegen, obwohl im allgemeinen Hornvieh keine Eier produzieren soll. Noch dunkler ist die Verwandtschaft zwischen Fleischerwaren und Reis, der ebenfalls in die Höhe geht. Das sind aber Geschäftsgeheimnisse, vor denen John Bull zartfühlenden Respekt hat. Nur diesmal beginnt ihm die Geduld zu reißen. Er droht „Herrn Rinderpest in der blauen Schürze", Familienclubs und Kompanien zu stiften, welche Lebensmittel im Großen herbeitransportieren sollen, sei es vom Inlande oder Auslande, wenn der genannte Gentleman fortfahre, für ein Pfund Fleisch einen halben Taler zu fordern. Erwägt man, daß in diesem Jahre die Vieheinfuhr vom Kontinent die vorjährige um 300.000 Haupt übersteigt, die Viehmärkte überfüllt sind, so erweist sich die Höhe der Preise als eine ganz künstliche und unmotivierte. Fleisch*märkte* sind sehr rar, und John Bull, wie Lady Bull, gehen nicht auf den Markt. Das würde der Respektabilität eine Gänsehaut verursachen. Dies Gefühl geht bis auf die Dienstboten herab. Sagte doch jüngst ein Diener seinem Herrn auf, weil dieser „so wenig Anstand" gehabt, auf dem Dache eines Omnibus sitzend, nach der City zu fahren.

Boxing-day. Vergnügungsunfähig
Dr. Lancasters Weihnachts-Rapport

p* London, 26. Dezember

Gestern, am kirchlichen Feiertag, enthielten die Blätter telegraphische Depeschen, heute, am weltlichsten der weltlichen in England, dem „boxing-day“, d. h. dem Tage des Beschenkens keine. Das macht, alle Clerks, das ganze „Clerkdom“ feiert. Sie haben nur zwei Tage für Vergnügungen im Jahr, am „guten Freitag“ (Ostern) und heute. Ich machte heute eine Tour von zwanzig englischen Meilen und habe nur einmal fröhliche Kinder gesehen, obwohl das Wetter frühlingsartig. Weihnachten ist kein Kinderfest in England. Man stopft sie irgendwo beiseite, vermutlich, weil sie so gar unsichtbar und still an diesem Tage. Nur an den Fenstern ist mitunter ein kleines Gesicht zu erblicken, mit dem Ausdrucke kindlicher Langeweile. Familien sind beisammen und Hausfreunde; aber Theodor *Fontane* hat in seinem „Ein Sommer in London“ dem Hausherrn die Gedanken abgelesen, wenn er ihn wünschen läßt: „Ach, wären sie nur wieder fort.“ Selten ist der Engländer vergnügter, als wenn das Vergnügen vorüber; er macht eine Arbeit oder eine Reihe von Vor- und Nachmittagsschläfchen daraus. Diesem werden allerlei falsche Ursachen zugeschrieben. Da sind Leute, die an der Sonntagsheiligung mäkeln und behaupten, der Engländer könne sich auch am weltlicheren Festtage nicht der „gedrückten Stimmung“ erwehren, die, durch „Überarbeit“ das ganze Jahr hindurch hervorgebracht, an den 52 Sonntagen nicht durch Erholungen gehoben werden dürfe. Aber wo – wie in England – zwei Dritteile der Nation sich an Sonntagen in Wirtshäusern aufhalten und die Mehrzahl sich be-

Weihnachtssingen im Familienkreis

rauscht, kann von einer allgemeinen Sonntagsheiligung überhaupt nicht gesprochen werden. Auch die „Überarbeit" ist ein englisches Argument. Unsere deutschen Arbeiter, unsere Kommis arbeiten viel länger des Tages, als in England der Fall, ohne so schwerfällige Gemüter zu werden. In Ermangelung der Fähigkeit, sich geistig und gesellschaftlich zu erfrischen und zu erheitern, wirft sich alles auf den massenhaften Genuß reichlicher Viktualien.

Es kann ohne Übertreibung gesagt werden, die eine Hälfte der Nation betrinke sich an diesem Feste, die andere verderbe sich den Magen, und Ärzte, die das ganze Jahr über keine Patienten gehabt, machen doch eine Ernte in der einen Woche zwischen Weihnachten und Neujahr aus der Kur an solchen, die für Zwei gegessen und für Drei getrunken haben. – Die Lektüre der *Zeitungen* ist auch nichts weniger als feiertäglich. Sie kommen gerade an diesem Tage einer Pflicht nach, auf die Wunden des Lazarus zu weisen, der vor den Türen schmachtet, und auf andere Gebrechen. Der Wunden und Gebrechen sind so viele, daß einem bei den Schilderungen weh ums Herz wird. Es ist um diese Zeit des Jahres, wo hinter Gartenzäunen die meisten jener unheimlichen Pakete von der Polizei aufgehoben werden, die in Lumpen oder in die Times gewickelt – weggeworfene „Kinder" enthalten. Es liest sich fürchterlich, aber es ist die Wahrheit. Ein Blatt schreibt: „Das Winseln der Säuglinge, die nicht leben sollen, klingt überall im Lande durch das Getöse des Verkehrs." Im Jahre 1864 betrug jene entsetzliche „Auflese" 3000, und soeben veröffentlicht der Coroner der Grafschaft Middlesex, Dr. Lancaster, seinen offiziellen „Weihnachtsrapport", in welchem es heißt: „Der Kindermord in London hat so fürchterliche Proportionen angenommen, daß ich nicht im mindesten Anstand nehme, zu behaupten, wie unter je *dreißig* Personen weiblichen Geschlechts, denen wir begegnen, *eine* Mörderin – mit anderen Worten, daß 12.000 Weiber in London, denen jenes Verbrechen zuzuschreiben. Meine Totenschau ertreckt sich unaufhörlich auf tote Kinder, die in Gärten geworfen, in Parks verlassen, auf Bahnstationen versteckt worden. Auch Verheiratete sind oft desselben Verbrechens schuldig." Die Tatsachen sind grausenerregend; but what is to be done? (was ist zu tun?) sind die einzigen Worte, die man vom Publikum und von der Presse vernimmt. [...]

1866

Eine Nacht im Armenhause

p* London, 22. Januar

[...] Die grauenhafte Mißverwaltung im *Armenwesen* ist ganz in den Händen engherziger Krämer, weil der gebildete Engländer (und das charakterisiert eine Seite dieses Selfgovernment) sich nicht die Mühe nimmt, zu den Vorstandswahlen zu gehen oder ein solches Amt anzunehmen, falls es ihm angeboten wird. So haben die Inferiores das Spiel in ihrer Hand und gesellen sich gleich zu gleich als Menschenfreunde der Armut und Verwalter der enormen Armensteuergelder. Die Zahl der Totenschauen über „verkommene Paupers" unter so gastlichem Dache nimmt kein Ende, sowie die Klagen, die Rügen, ja die Verwünschungen in den Blättern jeder Farbe. Da hat sich ein Curtius gefunden und ist in den Abgrund gesprungen. Am 8. Januar bei Anbruch der Nacht fuhr ein vornehmer Engländer in seiner Equipage in die Nähe des Armenhauses von Lambeth, stieg als Vagabund verkleidet aus, meldete sich im Hause als obdachlos und brachte eine Nacht des Elends und des Schreckens unter den Ärmsten und auch unter dem greulichsten Gesindel zu, ging wie sie bis aufs Hemd entkleidet in der Januarnacht über einen Hof, nahm wie sie in einem offenen Stall nach hinten hinaus, der *viermal* mehr Schläfer fassen mußte, als Raum war, sein Lager auf einem Strohsack, teilte die ungenießbare Brotkruste mit zwei hungrigen Knaben, hörte die gotteslästerlichen Chorgesänge mit an und das Flehen einiger alten Leute, man möge doch, der anwesenden Kinder wegen, dem Sodom und Gomorrha Einhalt tun. So blieb dieser Mann die ganze stürmische Januarnacht in dieser Höhle der „Charity“, stieg am nächsten Morgen wieder in seine Equipage und veröffentlichte in der vornehmen „Pall Mall Gazette“, was er gesehen, und darauf in einer besonderen Broschüre: „Eine Nacht im Armenhause“. Über 200.000 Exemplare sind vergriffen und die Sensation ist eine unbeschreibliche. Die Regierung „will“ einschreiten.

„O Mutter, so was hab' ich nie gesehn“

p* London, 5. Februar

[…] Jamaika kommt zur Sprache, sobald die Berichte der Untersuchungs-Kommission angelangt sein werden. General Nelson hat durch eine Indiskretion Öl ins Feuer gegossen. Hier befragt, was er denn an Notizen über das Verhör des hingerichteten Gordon von Jamaika mitgebracht, antwortete er dem Kolonialminister: „Ich habe sie ins Feuer geworfen.“ Dies wird als Faktum gemeldet. Der Spezial-Kommissarius der Times bezeichnet in Bausch und Bogen alle die Metzeleien als „Übertreibungen“. Dem hält man entgegen, daß ja die Rapporte der Befehlshaber und die Briefe von Mannschaften selbst deren in Fülle erwähnen, und daß gerade diese Rapporte aus eigenster Hand den Grund zur Absendung der Kommission geboten haben. Charakteristisch ist der Brief eines Unteroffiziers an seine Mutter in England: „Wenn man die toten Nigger, groß und klein, beieinander legte, würd's mehr als zwei Meilen lang. O Mutter, solch Ding habe ich noch nie in meinem Leben gesehen. Wir schossen und hingen den lieben langen Tag. Wir konnten zuletzt nicht mehr. O Mutter, so was hab ich nie in meinem Leben gesehen. Gestern peitschten wir drei ‚Reverends‘ (Geistliche) von den Baptisten. Als ich eben ‚auslegen‘ wollte, kam Gegenbefehl, weil ‚mein Mann‘ einen schneeweißen Rücken habe.“ Haben Amerikaner recht, wenn sie sagen, das Beisammenwohnen von Weißen und Schwarzen degeneriere die ersteren, so ließe sich vielleicht eine psychologische Erklärung jener Vorfälle finden. Liest man diese Unzahl von Privatbriefen jenes Datums von der Insel, welche allmählich an die Öffentlichkeit gelangen, von den Empfängern im Original den Zeitungen zugestellt, so vergißt man die schaurigen Tatsachen beinahe über dem „Behagen“, mit dem sie geschildert werden, über den völligen Mangel an gewöhnlicher Dezenz und an Bewußtsein von der eigenen Verwilderung. [...]

Der Baron of Beef in Gefahr
Die Kaninchen rücken an
„Zivilisation ist Ökonomie der Kraft"
Die schwarzen Diamanten

p* London, 13. Februar

Gehen Sie an einem Sonntage um 3 Uhr mittags durch eine der breiten stillen Straßen des Westends, so wissen Sie, daß um diese Zeit in einem und demselben Front-Parterre-Zimmer der Häuser die Familie beim Diner sitzt und in jedem Zimmer seitens des hinter dem Hausherrn postierten Butler (Mundschenk) die Frage ertönt: „Sherry Sir?" Auch wissen Sie, daß an einer bestimmten Stelle am Büffet von Mahagoni neben dem Speisetisch der Rostbraten dampft, der „Baron of Beef". Alle unsere Parlamentsmänner sind reiche Leute, logieren im Westend, lassen sich von den Butlers den Sherry behändigen und vermissen nie den „Baron of Beef". Die meisten fragen nach der Rinderpest nur als einer „parlamentarischen Frage", ob Torys oder Whigs, und nach dem Selfgovernment „da draußen im Lande" aus ästhetischer Rücksicht. Diese Gentlemen müssen wirklich glauben, sie täten dem Volke einen Gefallen damit, die Rinderpest den kleinen Behörden des Landes zu beliebiger Behandlung zu überlassen. Nachdem die Gelehrten sich monatelang darüber gestritten, was denn diese Krankheit vorstelle und, ob sie denn gar nicht auf gutes Zureden hören wolle, gar keinen Respekt vor der patentierten Konstitutionsschablone habe, wurden gestern im Unterhause Maßregeln beschlossen, wo der langen Rede kurzer Sinn der alte Schlendrian war. Diese Members of Parliament sollten nur hören, wie man ihnen dafür dort dankt, wo der runde und rüstige „Baron of Beef" auf der Schüssel nur als sehr mageres Stück erscheint und ängstliche Hausfrauen das carnis vulgaris einer Kochhitze unterwerfen, welche zwei Generationen von Trichinen zerstören müßte. Eifersüchtig, wie der Engländer auf echte Freiheiten und auf flegelhafte Lizenzen ist, sein Gemüt ist doch in einer Gährung über die Rinderfrage, daß er ohne Murren es mitansähe, wenn mitten durch seine Selbstverwaltungsakte ein Regiment Polizeimänner marschierte, über den protestierenden Bürger- oder Schlächtermeister hinweg in die Remisen rückte und alles dem Beile überantwortete, was (indem man dem Vieh faktisch das Thermometer an das Herz hält) nur einige Grade polizeiwidriger Blutwärme zuviel aufweisen sollte. Vom Minister, der sich in Zahlen verwickelte, bis zum courageusesten Fortschrittler hinab lief die Debatte gestern immer in dem alten Zirkel von Redensarten, und ist erst der letzte Ochse von Yorkshire tot, so ist das wenigstens alles patentmäßig und rein konstitutionell zugegangen, und wir müssen uns mit Kaninchen und gebratenen Tauben in den beiden stillen Straßen des Westends begnügen. Anfangs dieses Jahrhunderts herrschte die Rinderpest 13 Jahre in England, obwohl man damals noch eher den Stier bei den Hörnern zu fassen sich unterfing; nach jetziger Methode werden wir die Seuche unendlich machen. – Liebig soll irgendwo gesagt haben: „Zivilisation ist Ökonomie der Kraft." In England wird's die Ökonomie der Kohle. Schon vor zwei Jahren alarmierte der große Kanonenlieferant *Armstrong* das Land mit der Versicherung, daß in einer kleinen Handvoll Jahrhunderte die letzte Steinkohle Asche würde, wenn nur der Konsum in dem jetzigen Verhältnis fortwähre, 93 Mill. Tonnen im Jahre. Eine Nation mit gesundem Sinne sorgt auch um das Wohl später Nachkommen, und gelehrte Geologen und Geognostiker haben seitdem mit Armstrong zusammen Nachforschungen angestellt. Ihre Berichte sind vom auswärtigen Ministerium gesammelt und das Resultat ist ein noch viel bedenklicheres, als das von 1863. Darnach wird, vorausgesetzt, daß die Steigerung des Konsums eine stetige, der *erreichbare* Vorrat englischer Steinkohlen (mit Einschluß der unter Meeresboden getriebenen Schächte) in weniger als hundert Jahren erschöpft sein; ja, lange vorher werde das Arbeiten in den immer tiefer getriebenen Schächten und Minen so kostspielig werden, daß jene „schwarzen Diamanten", wie man sie nennt, aufhören müßten, Allgemeingut zu bleiben. Ein Blatt tröstet indes seine Leser damit, daß für „viele Jahre" hinaus die englischen Manufakturen keinen festländischen Rivalen zu fürchten haben werden. „*Preußen* ist das einzige Land, dessen Kohlenproduktion einen Vergleich mit den jährlichen 93 Millionen Tonnen Großbritanniens aushält, und der Ertrag Westfalens allein kann bald die englische Kohle aus Norddeutschland verdrängen." Überhaupt wird man im „Fortschritt" dahin gelangen, in England die Kohle zu ersetzen, und ein Kottelet auf einem eingefangenen Mondstrahl zu spießen, oder die Rasierseife mit Reichenbachs odischer Kraft zu erhitzen. „Ökonomie der Kraft" wird schon darüber hinweghelfen und die festländischen Rivalen nicht aufkommen lassen. – [...]

Reformbill und Derby-Rennen
Eine „Kunst des Arretierens“

p* London, 17. April

„People look already a little horsy“ beginnt man zu sagen. „Die Leute sehen schon ein wenig pferdemäßig aus“, in etwas schiefer Übersetzung. Die Reformbill und die 2000 Guineen, welche auf dem nächsten Derby-Rennen zu gewinnen sind, sollen die englische Kolonie zu Paris sehr gelichtet haben. Es sind viele Hunderte von Engländern von dort angekommen, die lange nur durch das Scheck-Buch

New Palace-Yard an dem Tag, als Mr. Gladstone die zweite Lesung des Reformgesetzes bewirkte

mit ihrem Vaterlande oder vielmehr seinen Bankiers in Verbindung gestanden, aber durch den Eifer, mit welchem die französische Presse „la Reform-Bill“ traktiert, augenscheinlich um unser Wohlergehen etwas besorgt geworden sind. Vielleicht haben aber die Vorrüstungen auf die großen Wettrennen, ungeachtet der vier Wochen Frist bis dahin, mehr Anteil an dieser plötzlich erwachten Vaterlandsliebe, als die Politik und ihr parlamentarisches Schwungbrett, von welchem jetzt in der Debatte, was man in der Schwimmkunde „Hechtsprünge“ nennt, Tag für Tag unternommen werden. Wie die Agitatoren es möglich machen, Abend um Abend soviel nüchterne Nichtwähler unweit des Parlamentsgebäudes zusammenzubringen, ist ein Rätsel. Sie sollen zum „wohltätigen Druck“ dienen, und bis jetzt ist es der Polizei gelungen, wo der künstliche Enthusiasmus allzu natürlich ausfallen sollte, durch energische Aktion Ruhe zu stiften. Die Methode dabei ist unwiderstehlich. Fünf Policemen legen Hand an den Störenfried, vier bemächtigen sich seiner Arme und Beine und der fünfte kneift ihm in die obere Magengegend. Im Nu ist er vom Erdboden gehoben und wird – die Front des lieben erfreuten Publikums entlang – in irgendeine stille Ecke getragen. Ich sah am Freitage diese Methode so oft ausgeführt, daß ich seitdem an eine Kunst des Arretierens zu glauben angefangen. Nichts entwaffnet einen englischen Haufen schneller, als ein komischer Vorfall, und mehr als einmal ist bei früheren ernstlichen Tumulten in jener Stadtgegend ein „Aal“ von magischer Wirkung gewesen, der, von einem Freunde der Ordnung in die Massen geschnellt, unter allgemeinem Jubel von Hand zu Hand geschleudert wurde, bis der „Zorn des Volkes“ verraucht war. – [...]

1867

Wunsch nach einem geliehenen Präfekten
In den Schnee geschrieben

p* London, 9. Januar

[...] Daheim und zwar in London sind wir den beiden größten Gefahren, die einem englischen Selfgovernment (das nur bei schönem Glückswetter Parade machen kann) passieren können, zur Zeit entgangen. Nämlich dem Schnee und Frost. Drei Tage Frost und eine einzige Vorstadt Londons, Lewisham, war mit 5000 schnell hergewanderten Obdachlosen und Bettlern überschwemmt. Und ebenso erging es den andern Vorstädten. Da London keine andere Regierung hat, als eine papierne, da nach dem englischen Sprüchwort das, „was jedermanns Aufgabe, eigentlich niemandes Aufgabe ist", so stritten sich Stadtverwaltung und Reinigungs-Kontraktoren so lange darüber, ob Schnee als eine Unreinlichkeit anzusehen sei oder nicht, bis das Tauwetter die Frage im natürlichsten Wege löste. Und diesmal, weil langsam eintretend, ohne die vorjährigen Überschwemmungen. Eingesandts stellten die bescheidene Anfrage, „ob der Kaiser Napoleon uns nicht vielleicht einen Präfekten auf drei Monate leihen könnte". Anfangs mit Hohn aufgenommen, wird jetzt in der Presse mit Wahrheitsliebe ein Buch neueren Datums zitiert, welches ein Franzose M. de *Pontes* soeben publiziert. Dieser, ein ehemaliger Präfekt, „hat sich herausgenommen, einen längeren Aufenthalt in England lediglich zum Studium der sozialen Verhältnisse zu verwenden".

Mansion House: Verteilung von Sozialhilfe an Notleidende aus dem Londoner East-End

Sein Buch ist ein Buch voll Weh und Grausen, voll zwingender Statistik. Es wird jetzt hier zugegeben, daß unser Pauperismus fünfmal so groß als der von Paris, die Verschiedenheit der Einwohnerzahl schon in Rechnung gezogen. Dadurch, daß man durch ein schwerfälliges ungeheures Armenhaussystem den Armen zu einer Art Staatspensionär gemacht, hat man der *selbsttätigen* Menschenliebe den Puls zugebunden, andererseits aber dem Armen den Zutritt zu Obdach und Beistand durch ein verwickeltes

Das Elend im Londoner East-End:
Eine Suppenküche in Ractcliff-Highway.

System von kleinen und großen Zertifikaten aufs äußerste erschwert. Man hat in englischen Städten *nie* Hausarme. Alles ist zu einem großen Rechenexempel gemacht, zu einer Maschine, die bei schönem Wetter leidlich arbeitet, aber bei der ersten Kalamität – und drei Tage Schnee und Frost sind eine große Kalamität bei uns – stillsteht. Ein Kapitel der Geschichte dieses Selfgovernment war für drei unvergeßliche Tage im Schnee geschrieben – jene tausend blutiger Fußstapfen von wunden Füßen der obdachlos Wandernden auf Meilen und Meilen auf und ab durch die Millionenstadt. Und das im Lande, das in der Stadt, die sich die reichsten der Erden nennen, mutmaßlich weil ein „anderer unsichtbarer Reichtum" weniger vorhanden.

Der „Cousin aus der Provinz"
Der Schirm

p* London, 25. Februar

[...] Alle Briten, welche nicht zu London gehören, werden unter dem Sammelnamen „Cousins aus der Provinz" begriffen, ohne daß damit irgendein verwandtschaftliches Verhältnis gemeint wäre. Dem Cousin aus der Provinz ist die Ehrfurcht vor „seinem Parlamente" auch nicht durch Partei-Broschüren-Lektüre abwendig gemacht. Er bringt noch Enthusiasmus mit. Sein erster Gedanke bei der Ankunft in London gilt „seinem Mitglied", d. h. demjenigen Parlamentsmann, den er hat mitwählen helfen. An diesen wendet er sich um eine Einlaßordre. Ist er aber mehr als nur ein Wähler mit einsamem Votum aus der großen Reih und Glied, ist er eine distinguierte Person, so etwa wie ein gefürchteter und unbesoldeter Kirchspiel-Vorsteher, der sich auf Wahlcomités und aufs Armenhauswesen versteht und auf die sparsamste Anlage der dazugehörigen Kirchhöfe, so aspiriert er auf einen besseren Sitz, als auf der Fremdengalerie. Er geht ohne Umschweife ins Haus, schreitet fest an dem ersten Paar Constabler vorüber, die im Korridor Wache stehen und ihm wohl die Wichtigkeit an der Nase ablesen und schickt seine Visitenkarte in die Sitzung an das „honorable Member" für N. Und *sein* Mitglied kommt sofort heraus, schüttelt ihm mit seinem schönsten Lächeln die Hände, lauscht mit gut angelegtem Interesse einer weitläufigen Einleitungsrede über allerhand heimatliche Kleinigkeiten und, sein eigentliches Anliegen ahnend, kommt er ihm mit der leicht hingeworfenen Frage entgegen: „Wollen Sie sich nicht das Haus ansehen?" Versteht sich, der will. Und *sein* Mitglied faßt ihn unter den Arm und laviert ihn mit leichter Schiebung durch mehrere Paare von Consta-

Die Ladies' Gallery im britischen Unterhaus

Die Reporters' Gallery im britischen Unterhaus

blers und setzt ihn ab im Sitzungssaale selbst, dicht neben dem Sergeant-at-Arms, der als Hauspolizei-Kommissarius einen Galanteriedegen führt und, wie männiglich bekannt, widerspenstige Parlamentsmänner äußerstenfalls ins Karzer sperren kann, das sich irgendwo im Hause (unweit der Restauration) befinden soll. In obiger Weise kommt ein einflußreicher „Cousin aus der Provinz" zu einem Platz. Anders aber ergeht es Madame la Cousine, so auch sie nach der Metropole gekommen sein sollte. Ihr kann *sein* Mitglied nicht helfen. Bunte Reihe wird im feierlichen Unterhause nicht gestattet. Madame kommt hinter den – *Schirm*. Dies ist ein gewöhnlicher Schirm, von Eichenholz sogar, nur in gebrochener Arbeit, auf der Brüstung der Ladies-Galerie. Auch selbst diejenigen Ladies, welche dahinter auf der vordersten Bank einen Platz erhalten, sind nur da, um wenig zu hören, noch weniger zu sehen und was für manche ebenso schmerzlich ist, nicht gesehen zu *werden*. Vergeblich ist der Ruf nach Abschaffung dieser „Barbarei" bisher gewesen. Vor drei Tagen schlug Bernal *Osborne* eine Radikal-Reform vor. Aber vergebens. Jenes Herkommen ist versteinert. Selbst die Liberalsten waren darin konservativ. Die Masse meint, es seien vornehmlich die Eheherren im Hause, die vermeiden wollen, daß ihnen ihre liebe Gemahlin gerade in solchem Momente ins Gesicht sehen könnte, wenn sie gerade einmal oder öfters eine Dummheit coram publico gesprochen. Im Oberhause ist die Damengalerie offen. Im Unterhause merken nur die schwergeplagten Stenographen die Anwesenheit der Ladies, denn gerade unter dem Schirm sitzend, stört sie das Rascheln der Seidenkleider und das Kritisieren da oben am meisten im Geschwindtempo ihrer sauren Arbeit.

Arbeiter-Feme in Sheffield

p* London, 23. Juni

Ein Schauder geht durch das Land. Man hört seit drei Tagen nichts anderes sprechen, als über die entsetzlichen Enthüllungen von Sheffield. Diese beweisen, welche Greuel, unerhört seit Menschengedenken, sich unter der modernen Zivilisation verborgen halten und nur von Zeit zu Zeit durch die dünne Kruste brechen, die den Flammenherd böser Leidenschaften überwölbt und „Zivilisation" genannt wird. Mord ist da nicht mehr ein einzelner Mord, er ist enthüllt als – „Sitte"; eine Arbeiter-Tyrannei wird der Welt offengelegt, eine Feme der brutalsten Art, ohne jede auch die geringste psychologische Erklärung, als die einer völligen Gewissensfälschung und eines Egoismus,

Typische Szene in Sheffield: Sensenschleifen

der so noch nie zuvor in ein System gebracht worden ist. Jede Zeile in den langen stenographischen Berichten über die Verhöre spricht Schrecken, jeder Satz aus dem Munde des Hauptzeugen ist eine „Apotheose Kains". Robespierre hat seinen Partner im neunzehnten Jahrhundert gefunden und er heißt *Broadhead*, der wie jener von dem „Kummer" spricht, den es ihm verursacht, wenn er einen Bravo gedungen, um diesen oder jenen Arbeiter aus der Welt zu schaffen, falls ein solcher sich den Gesetzen des Gewerkvereins „Trade-Union" nicht fügte; der im Verhör unter Tränen versichert, wie *weh* es ihm getan, diesen und jenen zu dingen, um seit Jahren die Häuser unfolgsamer Arbeiter mit Pulver in die Luft zu sprengen, namentlich wenn deren Familien mit darin gewohnt. Aber er habe das als Sekretär des Vereins für notwendig gehalten, um die Kasse vor Verlusten zu bewahren und den Vereinsgesetzen unbedingten Gehorsam zu sichern. In dem Manne kulminiert der Arbeiter-Terrorismus; er hat so gehandelt mit stillschweigender Genehmigung des leitenden Comités und hat die Blutgelder regelmäßig gebucht als „geheime Dienstausgaben". Nur einer der Morde wurde bekannt, dessen „Werkzeug" statt des Anstifters nun in Untersuchung ist. Broadhead, der „Zahlmeister", bleibt auf freiem Fuß; er ist „Zeuge" und hat gestern erklärt, alle Aufklärungen geben zu wollen, wenn die Mitwisser und Mithelfer aus dem Vereine straflos blieben. Dies wurde ihm als „selbstverständlich" zugesagt. Da es sich nur um einen bestimmten Mord handelt, dessentwegen die Kommission niedergesetzt worden, so werden die andern Fälle strafgesetzlich ignoriert, um Zeugen zu erhalten, wie schuldig diese an andern Verbrechen, die vorher nicht zur Kenntnis gekommen, auch sein mögen. Broadhead hat gestern nun, wie man in England sagt, „eine reine Brust gemacht". Noch ist das Verhör nicht zu Ende. Aber gestern allein gestand er seine intellektuelle Autorschaft an mehreren Morden mit Windbüchse, Totschläger etc. oder an schweren Verwundungen ein, letztere namentlich durch Pulverminen verursacht, die er in den Häusern ungehorsamer Arbeiter legen ließ, oder dadurch, daß Pulver in die Schleifkästen solcher Verfemten versteckt wurde, welches dann beim Gebrauch des Apparats durch die von dem Arbeitenden verursachten Funken explodierte. Broadhead behauptet, er habe in den äußersten Fällen nie Tötung beabsichtigt, sondern nur Verwundung als „Denk- und Mahnzettel". Was jedes „Job" (Geschäftchen) gekostet, nahm er aus der Vereinskasse; denn er habe nur in dessen Interesse gehandelt und seine Handlungsweise für recht gehalten. Der Mensch ist so vollständig von dieser einen Idee besessen, daß er noch zur Stunde sich gar nicht seines Unrechts bewußt ist und öfter die Worte fallen ließ, der Zweck habe in all den Fällen die Mittel heiligen müssen. Er ist auf freiem Fuß und geht und kommt täglich ruhig, um sich verhören zu lassen, ist aber nur mit Mühe vor der Volksjustiz zu schützen. Er weint nur mitunter über die traurige „Notwendigkeit", dem Gesetze des Vereins absolute Geltung zu verschaffen gegen fahrlässige Beitragszahler und abtrünnig gewordene – alles in majorem gloriam rei publicae. Wenn befragt, warum er auf den oder jenen habe schießen lassen (wofür er je nach „Wichtigkeit" 6 bis 30 Pfund Sterling aus der Vereinskasse zahlte), so ist meist seine Antwort nach der Façon Robespierres: „Er schadet unserm Verein der Säger" – oder: „Er konnte eine Lohnerniedrigung verursachen" – oder: „Er hielt mehr Lehrlinge, als der Verein den Mitgliedern (6000 in Sheffield, 60.000 in England) zu halten gestattet, und weil durch deren Arbeit soundsoviel erwachsene Arbeiter überflüssig gemacht werden usw." Der gestrige Bericht, umfassend das Verhör über eine seit 1849 fortgesetzte Feme dieser Art, dehnt sich über zwei Kolumnen aus und immer nur wiederholt sich die Frage: „Wieviel bezahlten Sie dafür, daß R.'s Haus mit Pulver gesprengt wurde oder auf N. geschossen wurde?" Antwort: „Soundsoviel." – „Wer hatte das ‚job' auszuführen?" – „Der und der." Diese Zwangsmaßregeln mit Pulversprengung sind übrigens Charakterzüge der Vereine zu Sheffield und Liverpool.

Daß dergleichen vorging, wußte jedes Vereinsmitglied. Es kannte seine eigene Gefahr im Fall des Ungehorsams und betrachtete jeden, der nicht dem Verein beitreten wollte, als einen Feind, der durch Terrorismus gezwungen werden müsse. Nur die „Morde" sind neu und auf „Vereinsunkosten" von dem schrecklichen Polizeiminister der Gesellschaft, dem Sekretär, als gut und dienlich angeordnet und bezahlt seit länger als einem halben Menschenalter. Die gedungenen Werkzeuge sind des Brotherrn würdig. In einem Falle verfolgten zwei Vereinsmitglieder wochenlang ihr „Opfer" mit der Windbüchse und dem „stillen Totschläger" auf Schritt und Tritt, bei Tag und Nacht sein Haus umlauernd, bis sich der rechte Moment gefunden. Und alle diese Leute glauben recht gehandelt zu haben, weil das gemeinsame Vereins-Interesse gewahrt werden *mußte*. Mildere Zwangsmittel gegen Ungehorsame und Abtrünnige sind übrigens auch bei anderen trade unions Sitte. So läßt solcher Verein oft zahlungssäumigen Mitgliedern die Werkzeuge vom Arbeitsplatze ihrer Brotherren stehlen und so lange verstecken, bis sie dem Vereine gerecht geworden. Diese Lynch-Exekution heißt „rattening". Und wehe dem Arbeiter, der mehr arbeitet und in kürzerer Zeit, als die vom Verein aufgezwungene und ihm als Gesetz auferlegte. Er *darf* nicht besser sein wollen, nicht geschickter, als die anderen. Als Norm ist die „Mittelmäßigkeit“ aufgestellt. Alle diese Manöver kulminieren dann von Zeit zu Zeit in Strikes, deren Ausdehnung sich erst erklärt, wenn man den Terrorismus kennenlernt, unter welchem die Sozietät Mitglieder und Nichtmitglieder des speziellen Vereins meistert und einschüchtert.

Alles das erklärt auch die Tatsache, daß die englische Werktüchtigkeit nicht mehr ihren ersten Platz behauptet, und erklärt es, daß auf der Weltausstellung zu Paris ausländische Manufaktur die englischen Produkte nur in 12 Klassen *nicht* überflügelt. Sheffield – und gerade Sheffield – der Schauplatz des Arbeiterterrorismus, ist in Paris am dürftigsten vertreten. Einfach logische Konsequenz, die zur Landeskalamität zu werden droht. Es wird erwähnt, daß die Arbeiter in Sheffield durch die stündliche Gefahr, der ihr eigenes Leben bei ihrer Stahl- und Eisenarbeit ausgesetzt ist, so gleichgültig gegen dasselbe werden, wie gegen das andere. Davon ein haarsträubender Beweis. Um die Arbeiter bei den Schleifereien und Nadelfeilen vor dem Eindringen der Splitter und des Stahlstaubes in die Lungen zu schützen, hat man magnetische Netzmasken für das Gesicht eingeführt. Da jedoch die dadurch herbeigeführte größere Gefahrlosigkeit der Arbeit einen größeren Zufluß von Arbeitsuchenden für dieses Gewerbe zur Folge hatte, so haben die „Vereine“ ihre Mitglieder genötigt, die schützenden Masken abzulegen. So wird der hohe Lohn geschützt, der sehr hoch ist wegen der Lebensgefahr, denn selten überlebt ein ohne Maske tätiger Arbeiter das 40. Jahr.

Wollte Gott, dieser Gehorsam bis zum Tode gelte einer höheren Macht, als der in ein eisernes Gesellschaftssystem verkleideten Neid- und Habsucht! –

Das Tory-Kabinett und Irland

p* London, 18. September

[...] Das Tory-Kabinett ist das erste seit langer Zeit, welches sich in *Irland* Sympathien erwirbt durch eine hierzulande seltene Unparteilichkeit. Nachdem es die Fenier gezüchtigt, wird den schlimmen Ausschreitungen der Orangisten gegenüber der Arm des Gesetzes in Aktion gesetzt. Dieselben erfreuten sich seit einem halben Menschenalter einer gewissen Straflosigkeit, obwohl längst statutenmäßig als ungesetzliche Verbindung verpönt. Im Norden Irlands hat das energische Einschreiten gegen eine große Anzahl Unfugstifter aus den Reihen bewaffneter Banden und Prozessionen ein großes Erstaunen hervorgerufen; unter der katholischen Bevölkerung aber werden dadurch moralische Sympathien erobert. Irland leidet nicht nur an kranken Gesetzen, sondern an fahrlässiger Ausführung der besten zu seinem Schaden. Man macht sich davon im Auslande kaum eine Vorstellung. Das irische Ehegesetz z. B. ist ein Monstrum der beleidigendsten Art. Ein Protestant, der in Irland eine Katholikin ehelicht, sich aber bei der Trauung für einen Katholiken *ausgibt*, kann seine Frau jederzeit verlassen und eine neue Ehe eingehen, ohne weder für die Lüge am Altar, noch wegen Bigamie später belangt zu werden. Und an solche Ungeheuerlichkeit hat noch nie ein auf seine Freisinnigkeit pochendes Parlament auch nur die verbessernde Hand gelegt. Vor kurzem fand die Londoner Polizei eine Bettlerin mit vier Kindern spät zur Nacht auf den Treppenstufen eines schönen Hauses kauern. Es stellte sich heraus, daß drinnen ihr angetrauter Gatte mit seiner neuen Frau im Wohlstand lebte. Sie, als Irländerin, darbt mit ihren Kindern. Nachdem er ihr Vermögen vergeudet, benutzte er das gesetzliche Schlupfloch und annullierte seine Ehe nach Belieben. Kann ein herzhaftes und religiöses Volk tiefer beleidigt werden? Solcher Brandmale in der parlamentarischen Gesetzgebung für Irland gibt es mehrere und sie erklären vieles an der Unruhe des Landes.

Die schwindende Betäubung
Vorschläge zu Friede und Versöhnung
Londoner Nebel

p* London, 26. Dezember

Die große Betäubung – und eine solche war es im vollsten Sinne des Wortes, welche dem Explosions-Attentat der Fenier folgte – und die damit verbundene Lähmung beginnt zu schwinden. Es lag 48 Stunden lang in der Macht der Presse, unmittelbar nach dem entsetzlichen Trauerspiel einen Rassenkampf zu entzünden, wäre sie damals ihrer gewöhnlichen Neigung zur Auftragung eines starken Kolorits gefolgt. Aber die Times gaben den Ton zu einer maßvolleren, ruhigen Betrachtung, und es muß dem größeren Teil der Presse zur Ehre nachgesagt werden, daß sie der starken Verlockung widerstanden. Die in London lebenden Irländer können das nie genug anerkennen. Die Presse hat sogar mehr getan. Indem sie den Racheruf, welcher sich tausendfach bereits kundgab, beruhigte, hat sie von Tag zu Tag mehr und mehr den Nachdruck darauf gelegt, daß das Übel nur in Irland kuriert werden könne und daß in großherzigem Vergessen *gegenseitiger* Unbill der „Moment tiefer Demütigung vor den Augen Europas“ von der angelsächsischen und keltischen Rasse zu einer Versöhnung benutzt werden müsse. So schreibt der „Spectator“ – und die von ihm ausgesprochene Ansicht hat zur Zeit Aussicht, populär zu werden: „... Die Zeit der Milde, dem *Fenismus* gegenüber, ist vorüber; die Zeit der Erbitterung gegen *Irländer* muß niemals kommen. Nichts geht über eine ruhige, stetige, aber unermüdliche Ausübung von Gerechtigkeit, um eine Opposition zu beseitigen. Mit 23 Millionen auf ihrer Seite hat die Regierung volle Gelegenheit und Muße, eine solche Politik durchzuführen. Außerdem

Folgen der Explosion im Untersuchungsgefängnis von Clerkenwell, vom Gefängnishof aus gesehen. Durchsuchung der Ruinen

ist dies gerade die Zeit, alles zu einer Aussöhnung mit Irland zu tun. Es gibt ja kein edleres Schauspiel, als ein herrschendes Volk mit *einer* Hand ruhige und strenge Herrschaft ausüben zu sehen, während es mit der andern die letzten Überreste des ungleichen Rechtes, die letzten Spuren von Unduldsamkeit, die letzten durch unterschiedene Rasse und Religion hervorgerufenen Klagen beseitigt." Ein anderes Blatt sagt: „Die größte Schwierigkeit besteht darin, die Irländer zu veranlassen, endlich an unseren guten Willen zu glauben, nachdem wir ihnen seit einem Jahrhundert so viele Versprechungen gebrochen haben, und selbst, wo wir den Schein angenommen, dies oder das beseitigen zu wollen, mehr als ein Menschenalter haben verstreichen lassen, ohne einen einzigen andern Schritt dafür zu tun, als regelmäßig fruchtlos endende Parlamentsdebatten zu buchen."

[...] Die Zahl der bei der Polizei während der letzten zehn Tage eingelaufenen, meist *anonymen Briefe* über beabsichtigte fenische Attentate ist Legion. Die meisten trugen so sehr den Stempel der Unwahrscheinlichkeit und müßiger Erfindung an der Spitze, daß die Polizei ihre ohnehin beschränkten Kräfte nicht durch unnötige Recherchen zersplitterte, was herbeizuführen vielleicht in der Absicht mancher Schreiber lag. Es gehört auch nicht zu den Seltenheiten, daß Brand- und Drohbriefe aufgefunden werden, welche auf eine bestimmte Straße oder ein bestimmtes Haus als der Zerstörung geweiht deuten. Viele Leute sind dadurch so in Angst gesetzt, daß sie Privatwächter engagiert, Feuereimer, bis zum Rande mit Wasser gefüllt, während der Nacht in ihr Zimmer stellen, auch Säcke voll Schutt und Sand bereithalten, um damit etwaigen Brandstiftungen mit griechischem Feuer vorzubeugen. Es ereignen sich die wunderlichsten Dinge. Ein Ge-

Gerechtigkeit – für Irland

rücht prophezeite eine Explosions-Attaque auf das Gefängnis in der Vorstadt *Brixton* auf vergangenen Dienstag, den Heiligen Abend. Zur Verwunderung der Nachbarschaft erschienen zahlreiche Gruppen von Neugierigen am Nachmittage vor dem Gebäude, um dem angekündigten „blowing-up" als Zuschauer beizuwohnen!! Bis heut abend hat sich keine der Befürchtungen erfüllt, denen zufolge die Weihnachtsfeiertage zu Attentaten nach dem Muster von Clerkenwell benutzt werden würden.

Das Wetter hätte solche Ruchlosigkeit nur unterstützt. Seit gestern früh sind wir keines Sonnenstrahles ansichtig geworden. Gestern war ein dunkler Regentag und seit vergangener Mitternacht hüllt *Nebel*, der echte englische Fog, der seine Farben chamäleontisch verändert, Stadt und Land ein. Es ist zur Zeit 6 Uhr abends und die Nacht hat seit der einen sternenhellen Mitternachtstunde nicht aufgehört. Zuerst war der Fog hellgelb, dann dunkelorange, dann schwarz, und seit drei Uhr herrscht dichte weiße Finsternis. Das sind Tage, wo alle Welt die Uhren zu Hause läßt und selten ist wohl der geräuschvolle Feiertag „boxing day" so häuslich verlebt worden. Niemand, den nicht die Notwendigkeit dazu treibt, vertraut sich den schneckenartig und furchtsam dahinschleichenden Bahnzügen an, die, ohne andere Signale als die des Knalls, mit fortwährend schrillender Lokomotive ihren Weg durch den Nebel wühlen und oft genug von einem guten Fußgänger leicht überholt werden können, da sie alle zehn Minuten auf den Warnungsschrei entgegenkommender Züge peinliche Pausen machen.

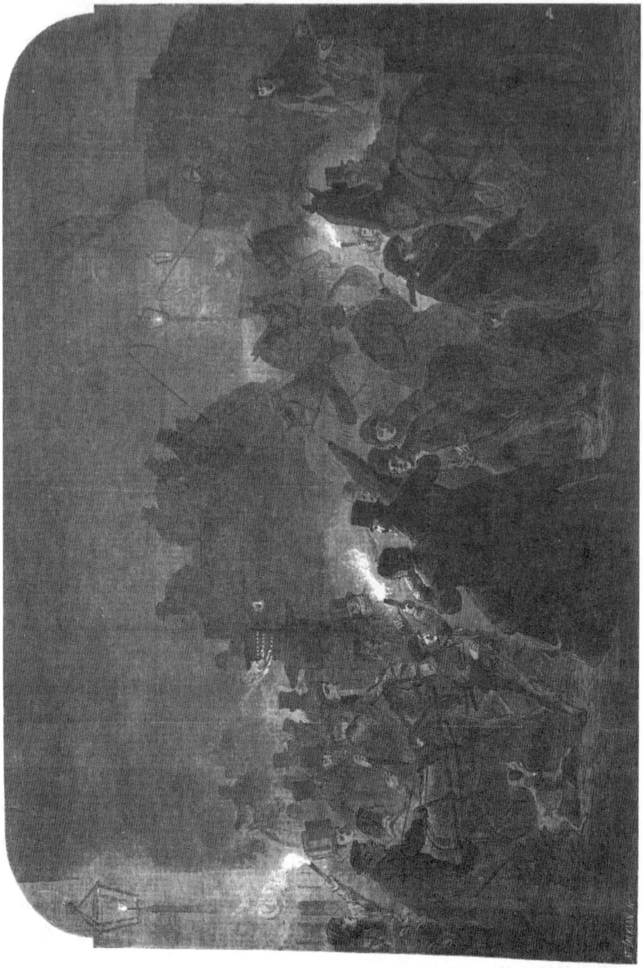

Straßenszene im Londoner Nebel

1868

Reaktion gegen die Fenierfurcht
Not im Ost-End. Baby-Farming
1000 Lstr. im Klingebeutel

Qs. London, 11. Januar

Die Fenierfurcht ist im Schwinden; die Witzblätter sehen sich bereits gemüßigt, die komischen Szenen, die allerdings manche häusliche Helden-Reputation zu Grabe getragen haben, in Bildern und dialogisiertem Texte vorzuführen; man lacht wieder, und London, leichtlebig wie jede große Stadt, blickt auf das Erlebte wie auf einen Traum. Das Ihrige zu dieser Wandlung tun auch die Gerüchte; man kann sagen, der feste Kern tatsächlichen Schrecknisses geht unter in der Flut erfundener Sensationsnachrichten. Die Reaktion, die jetzt eingetreten, ist natürlich; dennoch fürchte ich, daß man zu früh glaubt, das Gewitter sei vorüber, und daß das Fenier-Drama noch manche Szene, noch manche Überraschung bringen wird, ehe der Vorhang über dem letzten Akte fällt. Die Stichworte der Zeit, mehr als vorhandene Unbilden (die nicht geleugnet werden sollen) unterstützen die Bewegung, die wahrscheinlich nicht eher in sich selbst zusammenbrechen dürfte, als bis das „Nationalitätsprinzip" durch einen andern Modegötzen abgelöst oder doch auf sein richtiges Maß zurückgeführt sein wird. – Die Fenierfurcht läßt nach, aber die Sorge vor dem namenlosen Elend, wie es in den östlichen Stadtteilen Londons mehr und mehr hervortritt, ist in beständigem Wachsen. Von den 600.000

Menschen, die in Southwark und den Tower-Hamlets wohnen, sind wenigstens 60.000 in Not und Kümmernis. In Bethnal-Green allein sind 6000 Personen wegen Nichtzahlung ihrer Abgaben vorgeladen worden, während sonst die Zahl der Rückständigen nur 5 bis 600 beträgt. In dem Bezirk St. George the Martyr (in Southwark) sind von 11.000 Steuerzahlern 4000 wegen Nichtzahlung vorgeladen. Exekutionen sind gar nicht mehr möglich, weil die Not zu groß ist. Die Leute haben nur noch Pfandscheine, oft auch diese nicht mehr. Auch die wohlhabenderen Bewohner dieser Stadtteile haben unter dieser Kalamität ganz unverhältnismäßig zu leiden, da die Armensteuer nicht über ganz London gleichmäßig verteilt ist, sondern distriktsweise erhoben wird, so daß also die reichen Stadtteile fast gar keine Armensteuer, die armen eine sehr hohe zu zahlen haben. – Mit der wachsenden Not wachsen, wie leider immer, auch die Verbrechen. Jeder Tag bringt zahllose Fälle. Besonderes Aufsehen erregen in diesem Augenblick die Enthüllungen, die neuerdings über Säuglings-Anstalten, die sogenannten „baby farmings", gemacht worden sind. Eine besondere Notorität scheint das Institut der Frau Jagger gehabt zu haben. Es liegen gegen diese Frau die Aussagen eines dreijährigen Kindes vor, das, bei krankhafter Frühreife des Geistes, körperlich so elend ist, daß es noch nicht laufen kann. Dieses Kind, wie seine eigenen Aussagen angeben, wurde von Frau Jagger dazu verwendet, die *Aufsicht* über die noch jüngeren Kinder zu führen. Es mußte aufrecht in der Mitte eines großen Bettes sitzen, in dem acht andere Kinder umherlagen und in dem Moment, wo eins dieser Kinder zu schreien begann, ihm die Trinkflasche in den Mund stecken. Dies dreijährige Kind soll ganz ernst und gedankenvoll, wie ein Erwachsener aussehen. – Solche Dinge, wie „baby farming“ (es gibt *ähnliches* überall), kommen in dieser industriellen Ausbildung nur in London vor, aber – und das muß ein Trost sein – auch für andere, bessere Erscheinungen ist nur London der Platz. So fand man am vergangenen Sonntage im Klingebeutel einer Vorstadts-Kirche eine Anweisung auf 1000 Lstr. An diese Summe reicht wohl eine Sonntags-Kollekte in ganz Preußen kaum heran.

Reform im Schulwesen. Mr. Lowes Vorschläge „John Bull“ und das Reisejournal der Königin

Qs. London, 27. Januar

Das unmittelbar nach dem Kriege von 66 viel zitierte Wort, „daß bei Sadowa nicht Dreyse über Minié, sondern der preußische Schulmeister über den österreichischen Schulmeister gesiegt habe“, scheint auch hier in England ein Echo gefunden zu haben, – täglich mehren sich die Anzeichen, daß man ernstlich darauf aus ist, auch den *englischen* Schulmeister zu verbessern. Überall finden Versammlungen statt, um über die Mittel zur Hebung des Volksunterrichts sich klar zu werden. Man verlangt *mehr* Schulen, *bessere* Schulen, und vor allem auch ein besseres System, eine veränderte Anschauung von dem, was gelernt werden soll. Es bezieht sich dies weniger auf den Elementar-Unterricht (beiläufig unsere „Regulative“ würden in England schwerlich einer Anfeindung begegnen) als auf den Unterricht für die ins praktische Leben eintretenden Mittelklassen. Lord Russell, wie wenig ich auch zu seinen unbedingten Bewunderern zähle (er hat etwas Virchowisches, etwas Alleswissriges), hat doch das Verdienst, auch in *dieser* Frage, wie schon in so vielen andern, wieder den ersten Impuls gegeben zu haben. Neben ihm Mr. *Lowe*, der an Beweglichkeit, an Initiative hinter „Lord Johnnie“ zurückbleibt, aber an Kenntnis und Tiefe ihn übertrifft. Mr. Lowe, in einer in Liverpool gehaltenen Rede, hat seine Forderungen für den Unterricht der Mittelklassen dahin präzisiert, daß er die klassischen Studien beschränkt, den Real-Unterricht gefördert wissen will. Unsere Real- und Gewerbe-Schulen scheinen ihm dabei vorgeschwebt zu haben. An die Stelle von Griechisch, Latein und Geschichte sollen Mathematik, Naturwissenschaften und moderne

Sprachen treten, unter diesen besonders die *deutsche*, „da, ganz abgesehen davon, daß diesem großen Volke eine glänzende Zukunft bevorstehe, die jetzt schon engen Beziehungen zwischen ihm (Deutschland) und England notwendig immer inniger sich gestalten müßten“. Nur an einem nimmt Mr. Lowe Anstoß, am *Schulzwang*. Er verurteilt ihn nicht unbedingt, im Gegenteil, er anerkennt, was er in Preußen Bedeutendes geschaffen hat, aber er verwirft ihn als *unenglisch*. Ich glaube, daß er darin Recht hat. Neuerungen, die so tief in das Fühlen und die Anschauungsweise eines Volkes eingreifen, dürfen nicht plötzlich, auf einen bloßen gesetzgeberischen Befehl hin ins Leben treten. – Wenn das Prinzip des Schulzwanges unenglisch ist, so ist das der Rede- und Schreibefreiheit desto englischer. Von dieser Freiheit hat denn auch das Wochenblatt „John Bull“ neuerdings einen äußersten Gebrauch gemacht. Sie wissen, daß vor einigen Wochen, herausgegeben von Mr. Arthur Helps, das Reisejournal der Königin erschienen ist, ein höchst ansprechendes Buch, das namentlich über die alljährlich in Balmoral zugebrachten idyllischen Tage die interessantesten Aufschlüsse gibt. Einzelne Blätter dieses Reisejournals bringen nun auch unter der Überschrift „The Kirk“ (schottisch kirk für church) die Schilderung einzelner Kirchgänge, bei denen die Königin ersichtlich mit Vorliebe verweilt und Predigt und Prediger in warmen Worten anerkennt. Nun sind aber zum Unglück diese in der schottischen „kirk“ predigenden Geistlichen *schottische Presbyterianer* gewesen und „John Bull“, ein Hauptorgan des orthodoxen Anglikanismus, zetert darüber Verrat und fordert die Bischöfe in allem Ernste, auf zu einer „Ermahnung“ zu schreiten und vor „Abfall“ zu warnen. Das ist doch zuviel. Bei allem Respekt vor dem Konfessionalismus scheint mir eine derartige

Überspannung des Bogens doch in hohem Maße verwerflich zu sein. Die höchsten Würdenträger der anglikanischen Kirche haben immer in beinah freundschaftlichen Beziehungen zur Königin gestanden; nichts liegt vor, das auf eine Sinnesänderung hinweisen könnte, und nun wird ein bloßer Besuch in einer schottischen kirk auf Bruch und Abfall gedeutet. Wenn jemals etwas „bad taste" war, so ist es dieser Artikel. Auch in hochkirchlichen Kreisen herrscht darüber keine Meinungsverschiedenheit. [...]

Entdeckungsreisen in englischen Schulen

p* London, im März

Seit Thackeray einst im „Cornhill-Magazine" ein ausführliches Bild der in der großen Schule von Eton eingerissenen Mißbräuche entworfen und die von seiten des Direktors veröffentlichte Verteidigung um deswillen Aufsehen machte, weil eine Selbstanklage nicht deutlicher hätte verfaßt werden können, ist das Publikum immer beunruhigter über die Schulzustände geworden. Am meisten geschah dies in betreff der Middle-class-schools oder Grammarschools. Nach Jahr um Jahr fortgesetzten Beschwerden in der Presse haben Staatsmänner wie Russell, Brougham und Disraeli die Sache sozusagen auf die parlamentarische „Platform" gehoben und eine von der Regierung ernannte Schul-Kommission hat eine lange und zeitraubende Rundreise durch Stadt und Land gemacht und diese offiziellen Rapporte veröffentlicht. Da aus den Visitationen kein Geheimnis gemacht wurde, mithin mancher Schulvorsteher, der, wie man in England zu sagen pflegt, „sich unter einer Wolke" befand, hinreichende Zeit gehabt hätte, seine Anstalt noch etwas herauszumustern, so hat doch das Resultat der Visitation erwiesen, daß man auch diese Besserung in der elften Stunde nicht einmal der Mühe wert gehalten. Am eklatantesten sind die in solchen Schulen vorgefundenen Mißbräuche, wo Legate, geschenkliche Zuwendungen, Wohltätigkeit oder expresse Fundierungen das betreffende Institut sicherstellten und sehr oft weit über die Lokalbedürfnisse hinausreichten, also jeglicher Entschuldigungsgrund fortfiel. Die „Grammar schools" gehören in diese finanziell sehr günstig gestellte Kategorie – ihr Zweck ist, Abiturienten für die Universitäten auszubilden. „Dahin gelangen sie nicht" (in this they fail), sagt der Be-

Neues Klassenzimmer von Boy's Home
in der Regent's Park Road, London

richt mit lakonischer Kürze, und fährt fort: „In den 160 Schulen dieser Art sind die erzielten Resultate in hohem Grade ungenügend. Es gibt oft gar keine Aufnahmeprüfung, und dieser Mangel stimmt von Hause aus den Ton der Schule herab." In der „König Edwards-Schule" zu Birmingham fand der Kommissarius einen 14jährigen Schüler, der nicht den Namen eines einzigen Flusses in England, noch die Namen der Hauptstädte Schottlands, Irlands und Frankreichs kannte, noch ausrechnen konnte, wieviel 30 Pence ausmachten. In der „Christus-Hospital-Schule" ebendaselbst war der bei weitem größere Teil der 52 Schüler weit hinter den gewöhnlichsten Kenntnissen ihres Alters zurück. In der Schule zu Bosworth mit einem fundierten Jahreseinkommen von 792 Lstr. fanden sich

Klassenzimmer der vierten Klasse in der Harrow School
im vornehmen Londoner Stadtteil Paddington

nur drei Schüler vor, die als Pensionäre beim Direktor wohnten und von ihm zu Hause unterrichtet wurden. Ein Unterlehrer unterrichtete nur, „wenn es ihm gerade paßte". Zu Thame (Schuleinkommen 300 Lstr. jährlich) fand man *zwei* Lehrer und nur *einen* Schüler; die Schule zu Reading hatte drei Schüler. Das Außerordentlichste leistete aber die Whitgifts-Hospital-Schule zu Croydon (einer fashionablen äußersten Vorstadt Londons), wo der Direktor dem Kommissarius gegenüber einräumte, daß *seit länger als dreißig Jahren* kein einziger Schüler in den Räumen der Schule gesehen worden, gerade so lange er die „Leitung" geführt habe. In Botesdale waren sechs Schüler eingetragen; aber der Direktor hatte auch diese *billiger* in einer kleinen Privatschule weiter „auspensioniert" und lebte allein im Schulhause ohne irgendeine Beschäftigung. „This had gone on for 40 years" (dies ist schon seit 40 Jahren so hergegangen) sagt der öffentliche Rapport und fährt mit naiver Ironie fort: „Zu Coxwold besteht ein ähnliches *Arrangement* und ebenso zu Shareston, wo der Direktor sich hauptsächlich mit der Bewirtschaftung von acht Morgen Schul-Landes beschäftigt. In zwei Schulen waren die Lehrer taub, in einer andern fand man den Lehrer außerstande, sich wegen Lähmung fortzubewegen. In den meisten hatten die Direktoren andere Nebenämter zur Hauptbeschäftigung gemacht. In Hanley Castle mit fundiertem Jahreseinkommen von 247 Lstr. war die Hälfte der 40 Schüler so unwissend, daß der Kommissarius es als seine gewissenhafte Überzeugung erklärt, ‚dieselben würden bei vollendetem 20. Lebensjahre noch nicht schreiben und lesen gelernt habe'. Zu Butterwick (Jahreseinkommen 321 Lstr.) fand man zwei mit der Deklination beschäftigte Schüler reiferen Alters; die Schule von Humberstone (fundiertes Jahreseinkommen 737 Lstr.) hatte fünf und zwar deklinierende Schüler, und in Bosworth, dessen Schule 1120 Lstr. Jahreseinkommen bezieht, entdeckte man, daß die drei vorhandenen zukünftigen Abiturienten wirklich angefangen, sich mit der Grammatik zu beschäftigen."

Diese Einzelheiten mögen genügen. Die Kommissarien erzählten uns auch, daß von 532 englischen Städten nur 228 überhaupt „solche auf die Universität vorbereitende Schulen" besitzen. Die Kommissarien verlangen Reformen bis zur Wurzel, unter anderem auch, daß man sich an sehr alte und verjährte Testamentsbestimmungen nicht immer binden solle, wo es sich um das Wohl ganzer Institute handelt; denn in dem englischen Gesetze sei ja ohnehin bestimmt, daß kein Testator über sein Vermögen zugunsten seiner Urenkel verfügen kann. Er könne „nur für den Zeitraum der Lebenszeit *eines schon Lebenden und noch für 21 Jahre darüber hinaus* Bestimmungen treffen". So hatten die ersten Gründer der großen „Christus-Hospital-Schule" in London eine Vorliebe für den unter König Edward üblichen Knabenanzug und waren Gegner jeder Kopfbedeckung. Somit tragen auch die kleinsten Jungen dort noch heute lange blaue Gehröcke, die bis zu den Knöcheln reichen und beim Spiel in die Höhe geschlagen werden, um freie Bewegung zu erleichtern, ebenso schmutziggelbe trikotartig anliegende Beinkleider aus Friestuch, kleine Schuhe, einen gelbledernen Leibgurt, und sie dürfen nirgendwo, auch nicht im schlimmsten Wetter, sogar nicht auf der Straße, auf Eisenbahnen usw. eine Kopfbedeckung tragen. Diese große Schule hat 50.000 Lstr. Jahreseinkünfte, aber kommt über 150 Schüler nicht hinaus. Ohnehin haben die 40 in dem Lande verteilt lebenden „Gouverneure" der Schule mitzureden, weil sie Gouverneure durch feste Jahresbeiträge geworden und als solche, je nach der Summe, das Recht haben, soundso viele Schüler zur Aufnahme empfehlen zu können. Mithin hat der Direktor es 40 Gouverneuren, die oft ebenso viele Ansichten vertreten, bestmöglichst recht zu machen. Dieses Institut hat keinen Spielplatz für die dort logierte Schuljugend – nur eine Art großen Kellergewölbes auf ebener Erde. Die Kommissarien empfehlen die Verlegung des Instituts aus der Mitte der dumpfigen City irgendwohin in die freie Luft.

Über fundierte *Mädchenschulen* urteilt der Rapport in folgender Sentenz: „Die Lehrer und Lehrerinnen haben selber keinen guten Unterricht erhalten und wissen nicht, wie andere zu unterrichten. Dies ist jedenfalls ein Kapitalfehler." Eine Schulvorsteherin räumt *„unfathomable ignorance"* (bodenlose Unwissenheit) der zur Schule kommenden Mädchen ein, mit Ausnahme derjenigen von schottischer Abkunft.

Erwähnenswert ist noch, daß dieses schon die *dritte* Entdeckungsreisen-Kommission ist und die früheren zu keiner Besserung Anlaß gaben. „Schottische Schulen", heißt es im Rapport, „sind viel besser, weil sich die Eltern dort mehr um guten Unterricht für die Kinder bekümmern." Irland hat bekanntlich sein eigenes vielgerühmtes Schulsystem. Es gibt mancherlei Schlüssel zu den Mißständen auf englischen Schulen. Auf einen ganz besonderen verweist ein Eingesandt in der „Times", wo mit der Unterschrift: „eine klingende Schelle" über Wohltätigkeitsfonds und andere gesagt wird: „Was für den Advokaten eine in Auflösung begriffene Kompanie, was der Bankerotteur für den personalarrestbeflissenen Sheriffs-Boten, was ein Schiffswrack für die Küstenbewohner von Cornwallis, was ein sterbendes Lamm für die Leichenkrähe, alles das und noch manches mehr ist ein neues Wohltätigkeits-Schema für gewisse Amtsinhaber." In einem andern Blatte heißt es: „Wie natürlich gesund muß das lebendige Material unserer angelsächsischen Rasse sein, daß die junge Welt bei so großer Vernachlässigung nicht übler ausgefallen, als in der Tat der Fall ist."

Doch ich breche ab; die Skizze könnte sich zum Buche verlängern.

Als ich einst einem Schulvorsteher in London einen Besuch machte, fand ich ihn vor den Augen seiner 40 Schüler sein Gabelfrühstück verzehrend. Ich wollte, der ungelegenen Zeit wegen, mich wieder entfernen; da gab er mit einer kleinen Mundpfeife zwei scharfe Pfiffe und rief: „Eine Stunde!" Im Nu leerten sich alle Bänke und die Schuljugend stürmte zur Tür hinaus; er aber sagte zu mir: „Nun habe ich Zeit! Die können nun eine Stunde lang auf der Straße herumlaufen – sie lernen doch genug für ihr Geld."

Lord Cardigan

Qs London, 1. April

Lord Cardigan ist tot. Es vergeht keine Woche, in der nicht ein Lord oder ein Waterloo-General begraben würde und nie habe ich Veranlassung genommen, Ihnen über solche Tagtäglichkeiten zu berichten; aber über Lord Cardigan muß ich Ihnen schreiben. Es war eine durchaus interessante Figur, ganz apart und wie er als Reitersmann gelebt, so ist er als Reitersmann gestorben; aus dem großen Steeple chase bei Balaklawa, aus dem „Ritt ins Todestal" (wie es in Tennysons Liede heißt) ging er heil hervor; auf einem einfachen Jagdritt stürzte er und starb. Als wäre es gestern gewesen, so klar habe ich den 10. September 1855 vor mir. Es war mein erster Tag in England und an demselben Tage war die Nachricht eingetroffen: „Sebastopol ist unser." Alles flaggte, alles begrüßte sich, und an allen Bilderläden räumten die Landschaften und Genrestücke (hier domestic paintings genannt) das Feld und traten ihren ohnehin seit lange beschränkten Platz ausschließlich an Krim-Szenen und Krim Generale ab. Ich kann mich nicht entsinnen, daß Lord Cardigan unter diesen war; aber in einem Antiquarladen am Strande, unter verstaubten alten Büchern, hing sein Ölbild, selber staubig geworden, der breite Goldrahmen fleckig, abgestoßen und ein Flatter-Zettel daran mit dem Namen des Lords.

Ich könnte ihn malen: Husaren-Uniform blau mit Gold, spärliches blondes Haar, langer rotblonder Schnurrbart, kleine Augen, ein gerötetes, wenig vornehmes Gesicht, das Ganze an einzelne plebejische Sabreurs der Republik und des ersten Kaiserreichs erinnernd, martialisch, aber durchaus *unenglisch, keine Spur vom Gentleman.* Ich habe Ihnen dies Bild so ausführlich beschrieben, weil ich damit zugleich den Mann beschrieben habe. Er war ein tapfrer Soldat, ein brillanter Reiter, ein nie fehlender Pistolenschütze, auch sonst in allen freien Künsten wohlgeübt; aber es fehlte ihm der Gentleman-Zug und dieser Mangel verwickelte ihn in all die häßlichen und unliebsamen Szenen, die, Größerem zuliebe, zur Zeit wohl vergeben, aber nicht vergessen sind. Dem Ausdruck seiner Züge nach war ihm dieser Mangel angeboren; doch mag die Annahme berechtigt sein, daß er diesem Mangel auch nicht abhelfen *wollte*. Er gehörte leicht möglicherweise jener in England und Amerika an Terrain gewinnenden Schule an, deren Doktrin der gegenwärtige Präsident Johnson in den Satz zugespitzt hat: *„Ich gebe nicht viel auf Anstand und Feinheit"*. In *dem* Sinne, in dem dieser Satz gemeint ist, hat er seine volle Berechtigung; er bezeichnet, in freilich krassem Ausdruck, die gesunde Reaktion gegen die Tuerei und Haberei, gegen den Humbug und die Lüge, die sich vielfach in das Gentlemantum eingedrängt und dasselbe nur allzuoft zu einer Karikatur gemacht haben. Ich vermute, daß auch Lord Cardigan diesen gleisnerischen und prätentiösen Humbug bekämpfte, einmal *instinktiv*, weil seine ganze auf Rücksichtslosigkeit gestellte Natur sich dagegen empörte, andererseits aber auch deshalb, weil er den Dienst darunter leiden sah. Zahllos waren die entstehenden Konflikte und Auflehnungen; aber das Resultat war doch das, daß, beliebt oder nicht, sein ihm unterstelltes Regiment (die 11. Husaren in Canterbury) nach Jahresfrist das beste Reiter-Regiment im Lande war. Mit seiner Dienststrenge, die nichts so sehr perhorreszierte, als das bekannte: „so war es immer", geriet er natürlich in ein Wespennest, und mit der Pistole in der Hand mußten die Verwickelungen gelöst werden. Auf Wimbledon Common zerschoß er dem Kapitän Tuckett eine Rippe, verletzte ihm das Rückgrat und wurde nunmehr auf „wilful murder“, wenigstens in den Blättern, angeklagt. Dies gab ihm seine *erste* große Notorität. In seiner Eigenschaft als „Pair des Reichs“ forderte er, von den Lords gerichtet zu werden und zum ersten Male seit 64 Jahren saß das Oberhaus wieder als Gerichtshof. Lord Denman präsidierte als Lord High Steward; Sir John Campbell führte die Anklage. Lord Cardigan erschien an der Barre des Hauses, verneigte sich dreimal und kniete dann nieder, bis der Lord High Steward ihn aufforderte, sich wieder zu erheben. Man gestattete ihm einen Stuhl, auf dem er innerhalb der Barre Platz nahm. Die Anklage war wenig anders als eine Formalität. „Selbst wenn unter den obwaltenden Umständen – so sagte Sir John Campbell – der Tod Kapitän Tucketts erfolgt wäre, so würde man sich doch veranlaßt gesehen haben, das ganze Ereignis mehr als ein großes Unglück, denn als ein großes Verbrechen zu betrachten.“ Die geistlichen Lords zogen sich nunmehr zurück, die weltlichen sprachen ihn einstimmig frei und der Lord High Steward, zum Zeichen dessen, zerbrach seinen Stab.

Diese Prozedur, in der die öffentliche Meinung nur eine neue Illustration zu dem Sprüchwort von den Krähen und ihrer gegenseitigen Rücksichtnahme sah, war wenig geeignet, die ohnehin auf dem Nullpunkte stehende Popularität Lord Cardigans zu heben, und doch kam der Tag, wo er auf 24 Stunden der gefeiertste Mann im Lande war. Das war, als die Nachricht vom Tag von Balaklawa (25. Oktober 1854), von dem „Sieges- und Todesritt der Leichten Brigade“ nach England kam. Eine solche Wandlung in den Gemütern vermag eben nur der *Soldat* hervorzurufen; es ist das ein Vorrecht seines Standes; die Heldenschaft ist siegreich über alles, auch über Haß, Abneigung, Parteigefühl. Der berühmte Ritt selbst ist wohl noch in der Erinnerung der Mehrzahl Ihrer Leser. 600 Reiter jagten eine Bergschlucht hinauf, hinab; sie nahmen zwei Batterien, sie hieben die Bedienungsmannschaft nieder, sie durchbrachen ein russisches Kavallerie-Korps, aber – sie mußten zurück. Die Hälfte war tot, verwundet; die leichte Kavallerie-Brigade, indem sie siegte, hatte sie aufgehört zu sein. Aber im Liede lebte sie fort. Tennyson schrieb sein schönstes und wenn nicht sein schönstes, so doch sein populärstes Gedicht *„The Charge of the Light Brigade"* und Lord Cardigans Name, wenn auch ungenannt, stand zwischen jedem Zeilenpaar des Liedes. Was später alles noch bekannt wurde, war nur dazu angetan, seine über Nacht erstandene Volkstümlichkeit wachsen zu machen. „Er wußte, so hieß es, daß es ein Ritt in den Tod sei, aber – er gehorchte." Ja, die Gerüchte gingen weiter. „Man sagt, er *sollte* sterben." Es stand wer hinter ihm, dem der kinderlose Lord Cardigan ebenso verhaßt, wie das Cardigansche Erbe erwünscht war. Man nannte sogar Namen; ich verschweige sie.

Nun hat der Marquis von Ailesbury (ein Name, der damals *nicht* genannt wurde) das Erbe angetreten; – Lord Cardigan ist hinüber. Der Tod, dem er im „Tal des Todes" entging, hat ihn auf freier Heide überholt. Der Lord war 70 Jahr. Seine Unliebsamkeiten, die aus der bekannten Mischung von Pedantismus und Rigorismus erwuchsen, werden vergessen werden; aber fortleben, wie die Reiter-Wundertaten bei Somo Sierra und Borodino, wird auch der „Ritt der leichten Brigade bei Balaklawa" und mit ihm – Lord Cardigan.

1869

Langeweile in Sicht
Der Rheumatismus des Hauses

P* London, 20. Februar

[…] Die Times ist als Pythia nicht immer glücklich, aber sie kann dieses Mal doch mit ihrer Versicherung recht haben, daß wir uns auf eine äußerst langweilige Parlaments-Session gefaßt machen können, denn der eigentliche Kampf wegen der irischen Kirche sei schon auf den Wahlplätzen entschieden. Auch „Daily News" rät sogar Disraeli an, einen patriotischen Coup zu machen und die Fahne zu senken. Die von der Times gemachten Aussichten auf Langeweile sind für einen Korrespondenten nichts weniger als erfreulich, denn auch „Fenier" gibts nicht mehr, und Gladstone selber hat erklärt, die „Kirchenfrage" werde sich äußerst lange hinspinnen und viel mehr als eine oder zwei Gesetzesmaßnahmen nötig machen. In bester Laune ist die Eröffnung vor sich gegangen und ein hübscher maiden speech wird immer für ein gutes Omen gehalten und zwar bleibt der erste, der in einem neuen Parlament sich darin ausgezeichnet, das enfant chéri des Hauses, der Sohn des Regiments für sieben Jahre. Diesmal ist es Mundella. Er sekundiert den Antrag auf die Adresse mit einem wahren Feuilletonartikel allerliebster Pointen und Aperçus über den Humor bei Wahlbestechungen, ein Humor, in welchem das halbe Haus eben zu – Hause zu sein pflegt. Es gibt außerordentlich viele Neulinge im Hause. Manche haben es noch gar nicht einmal riskiert,

Die außergewöhnliche Milde dieser Parlamentssaison

sich einen Platz im sogenannten „technischen Körper“ des Hauses auszusuchen und setzen sich während der ersten Tage noch unter das „nicht gewählte“ Publikum auf der Fremdengalerie, um sich erst an die „Idee“ zu gewöhnen und sich die Arena aus einiger Entfernung anzusehen. Wie viele oder wie wenige werden nach Monaten „namhafte“ geworden sein, wie viele dem weisesten aller schweigsamen Parlaments-Männer folgen, der nach fünfundzwanzigjähriger Redeenthaltsamkeit nur einmal „dem hohen Hause mitteilte, daß schon seit einem Jahre sich hinter ihm eine zerbrochene Fensterscheibe befinde und er dieserhalb an den ‚Rheumatismus‘ des hohen Hauses inständigst appelliere“. [...]

„Der Verräter O'Sullivan"

p* London, 12. Mai

Die O'Sullivanfrage hat sich in Gemütlichkeit aufgelöst. Sagte doch schon der „Daily Telegraph" dem kleinen Mayor von Cork, der zugleich ein großer Butterhändler ist, voraus, er werde jedenfalls „weich" fallen. Um seiner ansichtig zu werden, war das Unterhaus gestern gerüttelt und geschüttelt voll und auf den Galerien dauerte lange das Gewirr leidenschaftlicher Debatten über die große Frage des Tages. Jeder erwartete eine rhetorische Opera buffa, etwas ursprünglich Irisches. Peers, geistliche und weltliche, saßen Kopf an Kopf als Zuschauer beisammen. Viele Advokaten hatten sich kaum Zeit genommen, ihre Ziegenhaarperücken abzulegen, sondern waren Hals über Kopf aus den Gerichtsstuben herbeigeeilt, um den interessanten Fall zu studieren und boten, durch die Barrieren bis zu den Ohren verdeckt, dem Fernerstehenden den Anblick von ebenso vielen Southdown-Widderschädeln, wie sie auf landwirtschaftlichen Ausstellungen über die Gitter ragen. In den heißesten Gewitternächten der Debatten über eine Staats- und Lebensfrage hätte es nicht lebhafter zugehen können. Keine Haselnuß konnte zur Erde. Es war eine See von Köpfen mit sichtlicher Brandung in den Ecken und auf streitig gemachten Stehplätzen. Alles war bereit. Der ganze stattliche Machinismus einer englischen Prozedur war aus dem Roste der Vergessenheit hervorgezogen – dreißig aus Cork herbeitelegraphierte Zeugen saßen des Winkes gewärtig im Augenbereich des Attorney General für Irland, dessen Sitz aus der staubauskeuchenden Last von Akten und Exemplaren der anderthalb Millionen britischer Statuten zusammengebaut erschien. Ohne eine Miene zu verziehen, als wüßte er nichts von dem, was kommen sollte, befahl der Attorney General, die gerichtlichen Vertreter des Angeschuldigten zu zitieren, als sich im Hause das Mitglied für Cork, *Maguire*, erhob, und ein kleines Briefchen aus der Tasche zog. Schon die ersten Worte, welche er vorlas, lautend: „My dearest Maguire!“ (mein liebster Maguire), erregte ein schallendes Gelächter. So konnte nur ein O'Sullivan beginnen. Jeder Periode merkte man es an, wie schwer es dem auf sein Mayors-Amt resignierenden Schreiber geworden, auf den Glanztag vor der Barre des Hauses zu verzichten und eine zähneknirschende Abbitte zu diktieren. Das weitere wird Ihnen der Parlaments-Bericht gemeldet haben; O'Sullivan legt sein Amt nieder und tritt morgen die Rückreise nach dem Eldorado des Feniertums an. Hat ihn schon gestern im Hause ein Landsmann, Mac Downing, einen *Feigling* gescholten, so hat er daheim noch ganz andere Stürme zu erwarten. Wie ein Telegramm mitteilt, bringt man ihm jetzt dort ebenso glühende Pereats, als man ihm früher Vivats gebracht. Die Zuverlässigkeit der Volksgunst wird er sicherlich in empfindlichster Weise erfahren und es der Regierung danken, daß dieselbe die bewaffnete Polizei der Stadt um mehrere hundert Mann, in Erwartung der kommenden Dinge, vermehrt hat. „Der Verräter O'Sullivan“ prangt in Plakaten an allen Ecken von Cork, dessen Janhagel in den wüstesten Perioden der irischen Geschichte immer eine barbarische Rolle gespielt hat. Es heißt, er habe versprochen, sich nie wieder zum Mayor wählen zu lassen, sondern ein Butterhändler, schlecht und recht, sein Lebtag zu bleiben. [...]

Verschämte Velozipedisten

p* London, 20. August

[...] Während man in den menschenvollen Straßen Londons nur selten einem Velozipedisten begegnet, es sei denn, er schritte friedlich und echauffiert neben dem „bicycle“ oder „tricycle“ nebenher oder wolle riskieren von unseren immer „bereiten“ Gamins „umgekippt“ zu werden, scheint in der Provinz die Sache sehr en vogue. Man unternimmt Reisen in Horden von 30–50 Velozipedisten

Neue Sportlichkeiten auf dem Zweirad

und veranstaltet Wettrennen auf 50–100 Meilen Länge, zwischen England und Schottland. Auch einige französische Damen lassen sich in öffentlichen Gärten als „abschreckende“ Beispiele auf diesem Gefährt sehen, denn Nachahmerinnen haben sie nirgends gefunden. Zwar gibt es große Velozipedistenschulen mit Reitbahn auch mitten in der City, aber in der Öffentlichkeit lassen sich die Amateurs nur bei Nacht sehen. Wer um Mitternacht die Straße passiert, sieht allerdings zentnerschwere John Bulls, jeden von zwei Assistenten gehalten, im Schatten ihre Übungen abhalten und während sie mit der einen Hand die Spinnenräder lenken, mit der andern ihren Stützmann am Kragen festhalten, ohne andere Zeugen ihrer Verschämtheit, als den Mond und den Policeman.

Engländer und Rheinreise

p* London, 11. September

[...] Ein Reisekorrespondent der „Daily News" schildert eine Rheinreise und bemerkt dabei, daß die *reisenden Engländer* sich jetzt mehr wie „gewöhnliche Sterbliche" zu benehmen beginnen; dennoch aber kenne sie jeder heraus: „Es hilft ihnen nichts, sich zu verkleiden und anders aussehen zu wollen, als sie tun. Ihr deutscher Cousin entdeckt sie doch, und wäre er blind und taubstumm dazu. Ich habe es versucht, aber vergebens. Ich kaufte mir einen superlativen deutschen Hut und Rock. Ich legte sogar Geld in einer Brille an. Ich war stumm wie ein Fisch und ahmte genau das Beispiel eines dicken Deutschen nach, der mir im Coupé gegenüber saß. Sobald er rauchte, tat ich dasselbe; sobald er Kuchen aß, aß ich auch Kuchen (ich hatte glücklicherweise Kuchen bei mir), und als Belohnung für meine Mühe redete er mich an: *Fine wedder, zir!* Danach ist es unmöglich, länger das Incognito aufrechtzuerhalten. Sie fühlen ihre absurde Situation und geben sie mit einem Seufzer auf. Die Deutschen am Rhein betrachten uns einmal als unerläßliche Ingredienzien in ihrem Sommer-Pudding."

1870

Die Irische Landbill und das Clanwesen

p* London, 16. Februar

Obwohl die Irische Landbill noch nicht von der Debatte durchgesiebt worden ist, so tritt doch unter anderen Tatsachen die eine hervor, daß sich John Bright mit dem Kabinett, wenn überhaupt, wenigstens nicht der Bill wegen überworfen hat. Man hat seinen Ideen mit dem Passus, welcher Pächtern zum Erwerb ihres Pachtlandes als Eigen-

Szene aus Irland: ländliche Bevölkerung in Kildare

tum Staatsdarlehen in Aussicht stellt, eine bedeutende Konzession gemacht, und hat man einmal den kleinen Finger gereicht, so wird unser gefräßiger Radikalismus schon nach der ganzen Hand greifen, sobald ihm die Zeit gekommen scheint, und Grund und Boden zum Freihandels-Artikel von Staatswegen machen. Jetzt ist noch von der Bill die Vorsorge getroffen, daß der Pächter nur sein Pachtland, also kein anderes, mit Regierungs-Darlehen kaufen kann. Nur wenn der Grundherr sich allein auf den Verkauf größerer Komplexe einlassen will, ist die Regierung gewillt auch einen nicht auf dem Grund und Boden ansässigen Käufer mit Darlehen zu unterstützen, so das begehrte Stück Land nicht ein Fünfteil des Komplexes übersteigt. Geht dieser Passus der Bill durch, so wird das Geschäft sehr schnell in Gang kommen, denn der verkaufslustigen Grundherren aus „neuen Familien", oft zeitlebens abwesende Londoner Advokaten und Kaufleute gibt es viele. Bisher konnte der Pächter nicht kaufen, weil ihm die Mittel fehlten, und für Nicht-Irländer hatte solcher Erwerb nur wenig Verlockendes, sintemal der Irländer mitunter den Kommentar zu den Rechtstiteln mit der Flinte macht. Eine der tieferen Ursachen des alten Grolls der ländlichen Bevölkerung gegen den Grundherrn der Neuzeit hat man bis jetzt wenig hervorgehoben. Der Irländer ist „clanisch", d. h. er hängt nicht nur an Irland im großen und ganzen, sondern auch an der Grafschaft, in der er lebt, daher die Namen Tipperary-men, Kerry-men, Galway-men, und in der Grafschaft wieder ist es die von dem Clan bewohnte Scholle, die ihn fesselt. Diese Clanschaften sind noch so wenig ausgestorben, daß mitten in London irische Familien eines und desselben Namens zu Dutzenden in einem und demselben Court, d. h. „engen Plätzen" Wohnung nehmen und die O'Flanagans des einen

Court sich mit den O'Rorys des Courts nebenan Knüppelschlachten liefern, welche die Polizei als ländlich-sittlich selten stört. Als England in der Eigenschaft als Eroberer Irlands die alten Clanshäuptlinge vertrieb und deren Familien-Güter konfiszierte und an Freunde verteilte, vertrieb es die Clansleute nicht und beließ sie in Pachten, ganz aus dem Auge lassend, daß seit tausend Jahren das Gewohnheitsrecht des irischen Clanswesens den Clansleuten ein moralisches Miteigentum an den Gütern einräumte, so daß die Clansleute nur eine nominelle Abgabe zahlten, wofür die Familie des Clanhäuptlings die gemeinsamen neben den eigenen Ausgaben bestritt. Die neuen Herren ignorierten dieses Gewohnheitsrecht vollständig – die alten Familien sanken in Armut und verschmolzen zum Teil mit ihren ehemaligen Clansleuten – aber eine Saat des Grolls ging auf, die bis heute nicht verschwunden ist. Noch heute sitzt mancher Sumpfbauer vor seiner Hütte und weiß ganz genau, daß sein Ur-Urgroßvater Herr drüben in dem Hause und auf dem Lande war, das durch Konfiskation an die Sassenachs übergegangen. Tatsache ist, daß trotz aller Armut sich in den Sparkassen Irlands 16 Millionen Pfund Sterling befinden. Viel davon ist für Auswanderungszwecke hinterlegt, – nach Gladstones Bill würden die Clans oder doch Assoziationen von Pächtern, statt auszuwandern, sich an den Landkauf machen. Damit wird ein ganz neues Element geschaffen, das der bäuerlichen Assoziationen, die in Frankreich jetzt ein Gegenstück in den Assoziationen des Landadels haben, jener Familien, welche die erste Revolution beraubte und welche jetzt Stück für Stück ihre alten Ländereien wieder zusammenkaufen und assoziationsweise bewirtschaften. [...]

Der Nabob

P* London, 19. März

[...] Der Nabob von Bengalen ist vor einigen Monaten mit seinen Söhnen hier eingetroffen, um einen Prozeß auf Schadenersatz gegen die Regierung als Erbin der ostindischen Kompanie sowohl, als wegen ihrer eigenen „Übeltaten“ durchzufechten. Sofort sog sich ein Rudel von Advokaten an dem Nabob fest; jene „scharfen Zungen mit ehrwürdigem Barte“, die schon größere Vermögen zu Kupferpfennigen zusammenverrechnet haben. Um aus dem Nebel und Staubwirbel herauszukommen, entschloß sich der erschöpfte Fürst zu einer Tat; er überreichte der Königin seine Beschwerde persönlich, und zwar vor den Augen der glänzenden Versammlung beim letzten Lever. Das erste Mal seit Menschengedenken, daß ein indischer Fürst von seinem Privilegium als „Pair des Reiches“ Gebrauch machte. Der Nabob, dessen felsenfeste Loyalität den Briten während des Sepoykrieges sehr zustatten gekommen, beklagt sich, daß er auf sich die Worte anwenden müsse, welche den Mohr im Fiesco unsterblich gemacht haben. Man hat ihm durch alle möglichen Winkelzüge, die nur ein mit dem Fuchsbau der englischen Gesetze tiefvertrautes Auge entdecken kann, seine Apanage und Privateinkünfte von mehr als einer halben Million Pfund Sterling auf ein unsicheres Dritteil reduziert. Die Königin kann ihm freilich nicht mit einem sic iubeo helfen; aber Engländer, offizielle und nichtoffizielle genieren sich doch, mehr als sie es eingestehen wollen, dort oben blamiert zu werden. Seit jenem öffentlichen Vorwurf, den die Königin an die Eisenbahn-Direktionen infolge zahlreicher Unfälle richtete, brechen sich merkwürdigerweise viel weniger Menschen Arme und Beine auf unseren Eisenbahnen. Ich sah den Nabob neulich auf einer Hühnerausstellung im Kristallpalast, wo er sich in Gespräche mit heimatlichen Brahmaputra-Riesenhühnern vertiefte. Er ist ein kleiner schmächtiger Mann mit schlohweißem Haar und trägt einen schlichten blauen Kaftan. Seine von Diamanten schillernden Alltagskostüme trägt er nicht mehr – London ist eine riskante Promenade – denn unsere Verbrecher sind kühn genug, so sie der Diamanten sich nicht allein bemächtigen können, einen Nabob mitzustehlen und verschwinden zu machen. [...]

Verfall der Sitten

p* London, 21. Mai

Ob Herkommen und soziales Leben in England etwas vom Stoff des Urgebirges besitzen, oder aus Flötzen und Geschieben bestehen, wird sich im Laufe weniger Jahre mehr und mehr herausstellen. Den Wanderer überkommt mitunter hier ein Gefühl, demjenigen vergleichbar, das uns beim Besteigen der Roßtrappe anwandelt, wenn das Auge über Millionen scheinbar loser Schieferschollen aufwärts schweift. Das Werfen von Steinen ist dort bei gerechter Pön untersagt. Hier wird aber dies Geschäft en gros betrieben, und der Parteihader ist ein so verbissener, daß er, um nur dem Gegner einen Schabernack zu spielen, an Dingen rüttelt, die beiden zur Basis und zum täglichen Brote unentbehrlich sind. Wir sehen in Irland Tories mit Fenierfreunden sich vertragen oder streng loyale Männer die Polizei des „liberalen" Gouvernements verhöhnen; in England tragen englische Arbeitermeetings auf Trennung von Irland an und faseln davon, daß die extremsten Agrarier Irlands zum Muster für eine englische Agitation im eigenen Lande gewonnen werden könnten. Prozesse schweben wieder, die an skandalösen Enthüllungen aus feinster Gesellschaft Pariser Sittenlosigkeit und orientalische Bestialität weit in den Schatten stellen. Und die Schadenfreude über die moralische Einbuße, welche die „besseren" Klassen dadurch erleiden, malt sich auf jedem Gesichte, wenn abends Aufwiegler in schwarzem Anzuge auf der Straße Posto fassen und des „Volkes Litanei" absingen, welche die Verwandlung der Paläste in Hospitäler und freien Grund und Boden für das „Volk" verlangt – alles in so durchsichtigen Ausdrücken, daß dem plumpen Gesetz eben durch die Finger geschlüpft werden kann, wie mit folgenden Sätzen etwa: „Ave! Ave! Königin! Wir verhungern, wir sterben! Es ist Recht, daß Du in Pracht und Palästen lebst! Heil Dir! Ave! Ave! Wir sterben!“ Gotteslästerliche Witze werden ungestraft angehört. Noch vor zehn Jahren hielt es jeder Engländer für eine Ehrensache, dem Policeman beizustehen, wenn er einen Verbrecher ertappt hatte oder Mißhandlungen ausgesetzt wurde. Heute dreht man ihm den Rücken zu. In den letzten zehn Jahren sind Risse auf Risse in dem, was man für einen rocher de bronze hielt, zutage getreten und man weiß nicht, wie tief sie reichen. [...]

Anmerkungen

Die außen stehenden *kursiven* Ziffern beziehen sich auf die jeweilige Textseite.

Verwendete Abkürzungen

E	Erstdruck
GBA T 1	Theodor Fontane (Große Brandenburger Ausgabe), hg. v. Gotthard Erler. Tage- und Reisetagebücher Bd. 1: Tagebücher 1852. 1855–1858, hg. v. Charlotte Jolles, Berlin 1994
HFA	Theodor Fontane: Werke, Schriften und Briefe (Hanser Fontane-Ausgabe), hg. v. Walter Keitel u. Helmuth Nürnberger, München 1962–1997
NFA	Theodor Fontane: Sämtliche Werke (Nymphenburger Fontane-Ausgabe), hg. v. Edgar Groß, Kurt Schreinert u. a., München 1959–1975
NP(K)Z	Neue Preußische (Kreuz-)Zeitung, Berlin 1848–1939
UK	Theodor Fontane: Unechte Korrespondenzen, hg. v. Heide Streiter-Buscher, Berlin, New York 1996
W	Wiederabdruck

Der Sommer und die Themse *1*
Das London der Zukunft

Textgrundlage – E: NP(K)Z Nr. 199, 25.8.1860. W: UK S. 76–78.

William **Wordsworth** (1770–1850), bedeutendster Dichter der engl. Romantik (Lake School), 1843 Poet Laureate; F. denkt hier wohl an das bekannte Sonett „Upon Westminster Bridge. Sept. 3, 1802". – **Delhi**, Verwaltungsmittelpunkt des heutigen Indien, seit 1803 unter brit. Herrschaft, im Mai 1857 von aufständischen Sepoys (Sipahis) eingenommen u. erst am 20. Sept. 1857 nach langer Belagerung, heftigem Bombardement u. großen Verlusten von den Briten zurückerobert. F. berichtete 1857 über diesen „ernsteste[n] aller Aufstände, dem man zwischen Ganges und Indus je zu begegnen hatte" (NFA XVIII a, S. 745), in seinen Londoner Korrespondenzen für die „Kreuzzeitung" u. resümierte seine Meinung in den Sätzen: „Delhi war nichts als der Herd des Aufstands, der Träger des Feuers. So wichtig auch der Eindruck seines Falles auf Orientalen sein muß, es bleibt nicht minder wahr, daß man das Feuer damit gelöscht hat. Man hat den Herd, aber nicht die Flamme. In hundert Scheiten brennt sie jetzt über das Land. Eine neue Art des Kampfes wird beginnen, ein indischer Guerillakrieg. In solchem Kampfe siegt, wer den längsten Atem hat." („Der Herd genommen, die Flamme entwischt", NFA XVIII a, S. 760). Zum Thema vgl. F.s Korrespondenzen „Verschiedene Standpunkte" (NFA XVIII a, S. 738–740), „Das indische Rätsel" (ebd., S. 743 f.), „Lord Palmerston und Indien" (ebd., S. 744), „Indische Nachrichten" (ebd., S. 746 f.), „Kaffernregimenter" (ebd., S. 749 f.), „Kricketspiel und Heldentum" (ebd., S. 750 f.), „Gerechte Sorge und schlechter Trost" (ebd., S. 751 f.), „Das Panorama von Delhi" (ebd., S. 752 f.), „Vellore und Delhi. Eine Parallele zwischen 1806 und 1857" (ebd., S. 753 ff.), „Stimmung zu Indien" (ebd., S. 756 f.), „Muselmännische Symptome" (ebd., S. 757). – **Lucknow**, heute Regierungssitz des an Nepal angrenzenden nordind. Bundesstaates Uttar Pradesh, war eine der letzten nach dem großen ind. Aufstand von 1857 von den Briten zurückeroberten Städte (19. März 1858). Vgl. dazu F.s Londoner Korrespondenz für die „Kreuzzeitung": „Lucknow ist entsetzt!" (NFA XVIII a, S. 767 f.). Im Zusammenhang damit steht F.s Versuch, die Vorgänge zu einer Ballade, betitelt „Das Mädchen von Lucknow", zu gestalten; vgl. dazu seine Autobiographie „Von Zwanzig bis Dreißig", ‚Der Tunnel über der Spree', 8. Kap. ‚Bernhard von Lepel' (HFA III, 4, S. 452 f.). – **Magenta**, ital. Stadt, westl. Mailands, bei der am 4. Juni 1859 im Sardinisch-Französisch-Österreichischen Krieg von 1859 die Österreicher dem vereinigten Heer der Franzosen und Sardinier unterlagen. – **Solferino**: Der Sieg der Franzosen u. Sardinier über die Österreicher bei diesem südl. des Gardasees gelegenen Ort der Lombardei führte zum Vorfrieden von Villafranca di Verona am 11. Juli 1859 und zum Frieden von Zürich am 10. Nov. 1859. – **Kamisol** (aus frz. camisole), kurzes Wams d. Soldaten. – Guiseppe **Garibaldi** (1807–1882), ital. Befreiungskämpfer (F.: „Champion de la liberté universelle", NFA XIX, S. 559); er hatte soeben am 19. Aug. 1860 mit seinem berühmt gewordenen „Zug der Tausend" Sizilien eingenommen. Mit der Gestalt Garibaldis beschäftigte sich F. vor allem in seinem „Der Krieg gegen Frankreich 1870–1871" (‚Der Krieg gegen die Republik: Orleans bis zum Einzuge in Berlin', ‚Dijon bis zum 24. Dezember',

Zürich 1985, Bd. 4, S. 286 ff.). – **Drusen-Scheiks**: Im Sommer 1860
war es im Libanon durch die im Süden lebenden pseudoislamischen
Drusen zu verheerenden Massakern unter den im Nord-Libanon
ansässigen christlichen Maroniten gekommen. – **Königin** Victoria
(1819–1901), seit 1837 Königin von Großbritannien u. Irland. –
Papiersteuerfrage: Heiß umstritten war 1860 in beiden Häusern des
britischen Parlaments die für das Pressewesen wichtige Papiersteu-
erbill, durch die die indirekt erhobene Verbrauchssteuer kautions-
pflichtiger Periodika ab 1861 in England aufgehoben wurde. Zum
dadurch ausgelösten Kompetenzkonflikt zwischen Ober- und Unter-
haus vgl. F.s Korrespondenz „Papiersteuer und Papierzoll" (UK
S. 72 f.). – **Cloaca maxima** (lat.) großer Kanal, in Anlehnung an 4
den so bezeichneten großen Entwässerungskanal im antiken Rom,
der vom Forum in den Tiber führte. Das Einflechten lat. u. frz.
Wendungen ist bei F. nicht ungewöhnlich. – **partie honteuse** (frz.),
beschämender Teil. – **Manchester-Ausstellung**: Über „The Exhibi- 5
tion of the Art-Treasures of the United Kingdom" (5. Mai–17. Okt.
1857) berichtete F. in 15 Fortsetzungsfolgen in der Berliner Morgen-
zeitung „Die Zeit"; sie geben einen wichtigen Einblick in F.s Ver-
ständnis engl. Kunst seiner Zeit. Leicht überarbeitet und mit einer
Nachschrift versehen nahm er die Texte unter dem Gesamttitel
„Aus Manchester" in seine Stuttgart 1860 erschienene Publikation
„Aus England. Studien und Briefe über Londoner Theater, Kunst
und Presse" (S. 103–206) auf (W in: HFA III, 3/1, S. 424–528). –
William Turner (1775–1851): F. hatte eine „persönliche Liebhabe-
rei" für diesen engl. Landschafts- u. Marinemaler, dessen für die
Malerei des Impressionismus bahnbrechenden Beleuchtungseffekte
von der zeitgenössischen Kritik als extravagant u. rauschhaft abge-
tan wurden. F: „Der gewöhnliche Geschmack wird in Bausch und
Bogen den Stab darüber brechen, und die Kritik wird gerechte Ursa-
che zu Tadel und Warnung finden, aber der falsche Weg, den dieser
wunderbare Mann einschlug, war nichtsdestoweniger der Weg des
Genies, und es gebührt ihm um seines Strebens, wenn auch nicht
immer um seines Gelingens willen, der Ehrenplatz in der Krypta
von St. Paul und jener schönere Platz in der Erinnerung seiner Na-
tion" (10. Brief „Aus Manchester", HFA III, 3/1, S. 507; vgl. auch
9. Brief „Aus Manchester", HFA III, 3/1, S. 502–507). F.s Hoch-
schätzung der Malerei Turners fand auch in s. Romanwerk Eingang,
z. B. „Der Stechlin", 25. Kap. (HFA I, S. 238 f.). – **Karthago und**

die heimkehrende Flotte einer Dido: Turners „The Decline of the Carthaginian Empire“ (1817) – eine Kopie nach Claude Lorrain – hat F. am 10. Nov. 1856 in der Turner Collection at Marlborough-House gesehen; vgl. die betr. Tagebucheintragung in GBA T 1, S. 194, u. s. Bericht „Zwanzig Turnersche Landschaften im Marlborough-House“ im „Deutschen Kunstblatt“ vom 15. Jan. 1857 (W: HFA III, 1, S. 141–144).

6 ## Zwei Briefe an Mr. Bright

Textgrundlage – E: NP(K)Z Nr. 238, 10.10.1860. W: UK S. 81f.

John **Bright** (1811–1889), engl. Fabrikant u. Staatsmann, seit 1843 (mit Ausnahme der Zeit des Krimkrieges) Mitglied des brit. Unterhauses, Führer der sog. Manchester-Partei, die die Interessen der modernen Industrie gegen die Grundaristokratie vertrat. – **Rajah** (arab. Herde): Bezeichnung für die nichtmohammedanischen Untertanen im osmanischen Reich, die als rechtlos galten. – **speeches** (engl.), Reden. – **Der Serbe sagt ...**: Die nationale Bewegung der serbischen Studentenschaft (Omladina) kämpfte für die Befreiung von der türkischen Fremdherrschaft und für die Vereinigung aller
7 Serben. – **Das englische Volk hat für die Lombarden und die Sizilianer ... Partei ergriffen**: Die öffentliche Meinung in England unterstützte die ital. Freiheitsbewegung sowohl im Krieg von 1859 zwischen Österreich einerseits, Sardinien u. Frankreich andererseits (im Züricher Frieden von 1859 kam die Lombardei wieder zum Königreich Italien), als auch Garibaldis 1860 berühmt gewordenen „Zug der Tausend“. – **Sankt Sophia**: 537 wurde in Konstantinopel die Kuppelbasilika u. Krönungskirche der oström. Kaiser geweiht, Nachfolgebau einer von Konstantin d. Gr. (um 280–337) der göttlichen Weisheit (te hagia sophia) erbauten Palastkirche; nach der Eroberung Konstantinopels durch die Türken (1453) wurde der Bau in eine Moschee verwandelt. – **Testament Peters des Großen**: Das sog. „Testament“ Peters d. Gr. (1672–1725), das dem russ. Volk die Herrschaft in Europa prophezeite, wurde 1863 als eine 1812 auf Napoleons I. Veranlassung verfaßte Fälschung entlarvt (Berkholz: „Napoléon Ier, Auteur du Testament de Pierre le Grand“, Brüssel 1863). – **Entreprise** (frz.), hier: Angriff. – **noli me tangere** (lat. rühre mich nicht an), Worte des auferstandenen Jesus zu Maria, Joh. 20,17.

Die Nation der Löwenherze 8

Textgrundlage – E: NP(K)Z Nr. 248, 21.10.1860. W: UK S. 82 f.

Waterloo: Die Entscheidungsschlacht der Befreiungskriege, 18. Juni 1815, die Napoleon I. gegen Wellington und Blücher verlor, wird in England nach Wellingtons Hauptquartier im südl. von Brüssel gelegenen Waterloo benannt. – **Krim-Heroen**: Im russisch-osmanischen Konflikt, dessen Schauplatz 1853–1856 die Krim war, führten brit.-frz. Truppen die militärische Entscheidung gegen Rußland herbei. – **Richard Coeur de Lion**: Richard I. (1157–1199), seit 1189 König von England, wegen seines stolzen und unerschrockenen ritterlichen Wesens und seiner Vorliebe für das Bild des Löwen, das er im Wappen führte, Richard Löwenherz genannt. – The **Times**, seit 1788 unter diesem Titel erscheinende Londoner Tageszeitung von weltpolitischer Geltung. Das Zitat ist ihrem 4. Leitartikel v. 5. Okt. 1860, S. 6 f., entnommen: „The love of unproductive enterprise is a part, and not the worst part, of English character. Foreigners cannot understand it, just as they would be puzzled to explain how our schoolboys can eschew Wellington boots at football, or how two ‚navvies' can like a stand-up fight instead of watching an opportunity of stabbing each other. This sporting element, the very essence of which is voluntary exposure to a certain degree of personal risk, is too precious an ingredient in English life to be lost." – **Vatermörder**: steif hervorstehender Hemdkragen. – **Kaiser** 9
Max: Maximilian I. (1459–1519), seit 1486 dt. Kaiser, „der letzte Ritter"; er soll sich 1493 an dem Steilhang der Martinswand in Tirol auf der Jagd unter Lebensgefahr verstiegen haben. – Friedrich Wilhelm v. **Seydlitz** (1721–1773), preuß. General, berühmt wegen seiner kühnen Reiterattacken. – Heinrich **Barth** (1821–1865), dt. Afrikareisender, damals fachliche Autorität in Fragen des nördlichen Zentralafrika. Ein Auszug seines fünfbändigen historisch-ethnographischen Werks „Reise und Entdeckungen in Nord- und Centralafrika in den Jahren 1849–1855" war 1859/60 zweibändig in Gotha herausgekommen u. 1860 ebd. seine „Reise von Trapezunt durch die nördliche Hälfte Kleinasiens nach Skutari". – Adolf **Overweg** (1822–1852), dt. Afrikaforscher, bahnbrechend für die physikalische Erkundung der Sahara, nahm (wie auch Barth und Vogel) an James Richardsons (1806–1851) Sudanexpedition teil, die 1850 unter engl. Schutz durchgeführt wurde. – Eduard **Vogel**

(1829–1856, ermordet), dt. Afrikareisender, erforschte ab 1853 im Auftrag der brit. Regierung das zentralafrikanische Gebiet um den Tschadsee; sein ungewisses Schicksal beschäftigte das dt. Publikum jahrelang.

11 Ein Winterfest

Textgrundlage – E: NP(K)Z Nr. 5, 6.1.1861. W: UK S. 101f.

Serpentine-River des Hyde-Park: In den sumpfigen Niederungen des von Heinrich VIII. (1491–1547) angelegten Hyde-Park, in dem noch zur Zeit Elisabeths I. (1533–1603) Wild gejagt wurde, ließ Karoline, Gemahlin Georgs II. (1683–1760), 1730 eine künstliche Wasserfläche, The Serpentine, anlegen. – **Rotten Row** (anglisiert aus: Route du Roi), damals bevorzugte Reiterpromenade der mon-
13 dänen Welt, westlich Hyde Park Corner. – **Knightsbridge und Kensington**: Belebte Geschäftsstraßen des Londoner Westend, die Fortsetzung von Piccadilly über Hyde Park Corner hinaus.

14 Halsbrechende Kunststücke
Preußen und Blondin

Textgrundlage – E: NP(K)Z Nr. 132, 9.6.1861. W: UK S. 132f.

die deutsche Einheit: Zu jener Zeit bringt die „Times" ausführliche Berichte über die Militär-Debatte im preuß. Landtag. Direkter Bezug besteht zu einem Leitartikel der „Times" v. 6. Juni 1861, S. 8: „Germany is longing and striving after unity in her own timid manner, debating, like Hamlet, every eventuality, and conjuring up all the difficulties which stand between the hope and its satisfaction. A strong whish and a weak will are the best opportunity for a leader. Such a Prince as Frederick the Great might make himself master of Germany before half of its eight-and-thirty Sovereigns had recovered presence of mind enough to protest." – **Entreprise**, s. Anm. zu S. 7. – **Friedrich II., d. Gr.** (1712–1786), seit 1740 König von Preußen. – **„der kategorische Imperativ des Krückstocks"**: Immanuel Kants (1724–1804) berühmtes „Sittengesetz" („Handle so, daß die Maxime deines Willens jederzeit zugleich als Prinzip einer allgemeinen Gesetzgebung gelten könne", „Kritik der prakt. Vernunft" (1788), § 7), hier auf den Regierungsstil Friedrich Wilhelms I. (1688–1740) bezogen. F. nahm darauf auch später mehrmals Bezug, z. B. in s. Theaterkritik über Gottschalls „Herzog Bernhard von Weimar" (1873): „Die Zucht Friedrich Wilhelms I. und der kategorische Imperativ Kants, *die* waren es, die uns Metz und Straßburg wieder erobert haben" (HFA III, 2, S. 117). In dem späten Fragment „Die preußische Idee" (um 1894 entstanden) führt er dies weiter aus (HFA I, 5, S. 870f.): „In dem kategorischen Imperativ steckt alles Heil er ist gleichbedeutend mit Pflichtgefühl, Befreiung von allem Selbstischen, Feigen, Schwächlichen. Indem er uns lehrt, daß wir nicht da sind, um glücklich zu sein sondern um unsre Schuldigkeit zu tun, erhebt er uns zum Bewußtsein/Pflichtbewußtsein, dem Besten was der Mensch hat. Und wenn es uns mit Stolz erfüllen darf, daß es ein preußischer Mann war, der diese Sätze ausgesprochen hat so ist es ein weiterer Stolz und ein hohes Glück, daß unsre brandenburgisch-preußische Geschichte die Belege dazu liefert. [...] der kategorische Imperativ. Das ist die preußische Idee, die unsre preußische Geschichte durchdringt." Vgl. auch „Vor dem Sturm" (HFA I, 3, S. 194), „Von vor und nach der Reise", ‚Onkel Dodo' (HFA I, 5, S. 432), „Effi Briest", 18. Kap. (HFA I, 4, S. 145), die Besprechung v. Eduard v. Bauernfelds Lustspiel „Der kategorische Imperativ" (NFA XXII/1, S. 132). – Charles **Blondin** (geb. 1824), frz. Drahtseilartist, berühmt wegen seiner Kunststücke auf einem 50 m über den Niagara-Wasserfällen angebrachten Seil, in den sechziger Jahren auf Tournee durch Europa. Über s. ersten Auftritt in England am 1. Juni 1861 im Kristall-Palast berichtete die „Times" in einem ausführlichen Artikel ihrer Ausgabe vom 3. Juni 1861. In „Irrungen, Wirrungen" ist der plakatierte Blondin als Metapher – Hochgefühl beim riskanten Spiel – verwendet (HFA I, 2, S. 450). – **die nordamerikanischen Vorgänge**: Am 12. April 1861 war der zunächst als kurzlebig eingeschätzte amerikanische Sezessionskrieg ausgebrochen. – Der **Kristall-Palast** zu **Sydenham** im Süden Londons war eine Eisen-Glas-Konstruktion, erbaut 1854 nach Plänen Sir Joseph Paxtons (1801–1865) unter Verwendung von Baumaterialien des ebenfalls von Paxton entworfenen Kristall-Palastes im Hyde-Park anläßlich der Londoner Industrieausstellung 1851. Vgl. F.s Feuilleton-Artikel „Ein Gang durch den leeren Glaspalast" (1852), in: „Ein Sommer in London" (1854), (HFA III 3/1, S. 11–

13). – **daring fellow** (engl.), kühner Bursche. – **Salto mortale** (ital.), „Todessprung", gefährliches Wagestück eines Artisten. – **Ex-**
17 **citement** (engl.), Aufregung. – **Albion** (kelt.), dichterische Benennung Großbritanniens, v. F. gern ironisierend verwendet, z. B. „Graf Petöfy", 4. Kap. (HFA I, 1, S. 703), „Frau Jenny Treibel", 7. Kap. (HFA I, 4, S. 366). – **„kühnen Griff"**: Geflügeltes Wort durch den Ausspruch des liberalen Politikers Heinrich v. Gagern (1799–1880) vor der Deutschen Konstituierenden Nationalversammlung vom 24. Juni 1848: „Meine Herren! Ich tue einen kühnen Griff und ich sage Ihnen: wir müssen die provisorische Zentralgewalt selbst schaffen"; v. F. auch in anderen Zusammenhängen zitiert (z. B. GBA T 1, 9. April 1856, S. 107). Nach der Proklamation des Prinzregenten Wilhelm (I.) vom 7. Jan. 1861 war die Einigung Deutschlands unter Preußens Führung erneut Thema der engl. Presse.

18

Ein erneuter Versuch
Der own correspondent im Weißen Saal
Von zwei Übeln wähle das kleinste

Textgrundlage – E: NP(K)Z Nr. 138, 16.6.1861. W: UK S. 133–135.

„Ist kein Friedrich der Große da?": Inhaltliche Bezugnahme auf einen gegen Wilhelm I. gerichteten Leitartikel der „Times" (6. Juni 1861, S. 8) anläßlich dessen Parlamentsansprache zum Abschluß der Session des preuß. Landtags am 5. Juni 1861. Das Fazit des Korrespondenten: „Upon the whole, the speech must be considered to have fallen rather flat." – **Wilkinson**, engl. Journalist, während der 1850er Jahre vorübergehend Berliner Korrespondent der „Times"; F. offenbar persönlich bekannt, vgl. Tagebuch 17. April 1858 (GBA T 1, S. 320). – **own correspondent** (engl., eigener Korrespondent): Der Begriff, mit dem die Zeitungsredaktionen damals großzügig umgingen, sollte die Verfertigung von Originalkorrespondenzen aus auswärtigen Regionen suggerieren, die tatsächlich aber in der Redaktion hergestellt wurden. „Es lag nahe, aus den Zeitungen, die man sich hielt, die *Originalbriefe* aus Paris, London, Petersburg, Konstantinopel etc. *selbst herzustellen*. Das ist ein alter Brauch [...]. Und solches Anfertigen auswärtiger Korrespondenzen in der Redaktion wurde um so üblicher, je mehr das Publikum auf auswärtige Korrespondenzen seines Blattes Wert legte und die Konkurrenz sich verschärfte.“ (Otto Groth: Die Zeitung. Ein System der Zeitungskunde, Bd. 1, Mannheim, Berlin, Leipzig 1928, S. 377). Als F. noch „echter“ Auslandskorrespondent war, schrieb er in einem Brief an Tuiskon Beutner, den Chefredakteur der „Kreuzzeitung“ (23. Nov. 1857, in: HFA IV, 1, S. 597): „Vielleicht ist das ganze Correspondenten-Institut vom Uebel und jede gute Redaktion hat nicht nur das Recht, sondern eine Art Pflicht, sich ihre Correspondenzen selber zu machen. Auf diese Weise kommt Einheit in die Sache, die unter anderen Umständen nur möglich ist, wenn der Correspondent sich jeder selbständigen Ansicht begibt und einer laut oder still gegebenen Ordre folgt.“ Vgl. dazu F.s „Bemerkung über ‚echte‘ und ‚unechte Korrespondenzen‘“ in „Von Zwanzig bis Dreißig“, ‚Der Tunnel über der Spree‘, 7. Kap., ‚George Hesekiel‘ (HFA III, 4, S. 412): „Der Unterschied zwischen beiden, wenn man Sprache, Land und Leute kennt, ist nicht groß. Es ist damit wie mit den Friderizianischen Anekdoten, die unechten sind gerade so gut wie die echten und mitunter noch ein bißchen besser. Ich bin selbst jahrelang echter und dann wieder jahrelang unechter Korrespondent gewesen und kann aus Erfahrung mitsprechen. Man nimmt seine Weisheit aus der ‚Times‘ oder dem ‚Standard‘ etc., und es bedeutet dabei wenig, ob man den Reproduktionsprozeß in Hampstead-Highgate oder in Steglitz-Friedenau vornimmt. Fünfzehn Kilometer oder hundertfünfzig Meilen machen gar keinen Unterschied. Natürlich kann es einmal vorkommen, daß persönlicher Augenschein besser ist als Wiedergabe dessen, was ein anderer gesehen hat. Aber auch hier ist notwendige Voraussetzung, daß der, der durchaus selber sehen will, sehr gute Augen hat und gut zu schreiben versteht. Sonst wird die aus wohl informierten Blättern übersetzte Arbeit immer besser sein als die originale. Das Schreibetalent gibt eben den Ausschlag, nicht der Augenschein, schon deshalb nicht, weil in schriftstellerischem Sinne von zehn Menschen immer nur einer sehen kann. Die meisten sehen an der Hauptsache vorbei.“ – **Printing House Square**, Sitz der „Times“-Redaktion, unweit St. Paul's Cathedral. „Aus dieser Presse gehen täglich [im Jahre 1862] 42.000 Exemplare der seit 1788 bestehenden, jetzt umfangreichsten und bedeutendsten Zeitung der Welt hervor: 1000 Exemplare fallen fertig gedruckt in 4 Minuten aus dem verwickelten Räderwerk der Maschine; trotzdem genügen 8 Arbeiter, um oben die weißen Blätter einzeln in die Presse zu schieben; acht andere nehmen unten die fertig gedruckten Exemplare in Empfang. Im ganzen sind 300 Arbeiter in den Werkstätten beschäftigt." (Karl Baedeker: London und seine Umgebung nebst Reiserouten vom Continent nach England und zurück. Handbuch für Reisende, Coblenz 1862, S. 88 f.) – **rather plain looking** (engl.), ziemlich hausbacken. – **Lstr.**: Abkürzung für Pound (L.) Sterling; 1. engl. Pound entsprach 6 Talern, 20 Silbergroschen preuß. Währung. – **sein Bericht** über das Ende der preuß. Kammersession, dem die folgenden Details entnommen sind, erschien in der „Times" unter „Prussia, from our own correspondent, Berlin, June 5." am 10. Juni 1861, S. 10. –

19 **Weißer Saal** im Königl. Schloss zu Berlin, vollendet 1699–1716 unter Friedrich I. (1657–1713) u. Friedrich Wilhelm I. (1688–1740). – **die roten Mäntel der Johanniter**: Die traditionell scharlachrote Ordenskleidung der Mitglieder des preußischen Johanniterordens geht zurück auf Zeiten, als die Johanniterritter im Krieg einen roten Waffenrock mit einfachem Kreuz auf Brust u. Rücken tragen mußten. – **yellow, cane-bottomed chairs** (engl.), gelbe Stühle mit Sitzen aus Rohrgeflecht. – Eduard Martin **Simson** (1810–1899), dt. Jurist, 1848 Präsident d. Frankfurter Nationalversammlung, 1850 Präsident d. Erfurter Unionsparlaments, 1859 Beitritt zur altliberalen Fraktion Vincke, 1860/61 Präsident d. preuß. Abgeordnetenhauses. Er war bei einer Nachwahl in seinem Königsberger Wahlkreis dem Vertreter der Fortschrittspartei, Hermann Schulze-Delitzsch (1808–1883), unterlegen u. mußte abdanken. – **„weil er sie so nicht wiedersehen werde"**: Zu diesem Zeitpunkt zeichnete sich das Ende der liberalen Ära bereits ab. – Karl Georg Ludwig Guido Baron von **Usedom** (1805–1884), preuß. Diplomat, nahm verschiedene Auslandsposten als preuß. Gesandter wahr, 1858 Nachfolger Bismarcks als Bundestagsgesandter in Frankfurt, 1860 zum lebenslänglichen Mitglied des preuß. Herrenhauses ernannt. „Usedom, der inbetreff des diplomatischen Verhandelns selbst gern Metternich als seinen Lehrmeister bezeichnete, hatte sich den point de zèle in vollendeter Weise angeeignet und wußte nie geistvoll anmuthiger zu sprechen als da, wo ihm darum zu thun war, nichts zu sagen." (ADB 39, S. 377). – **Kaplan** Philipp **v. Berg** (1815–1866), preuß. Abgeordneter, 1848–1849 Mitglied d. Frankfurter Parlaments, 1860 Mitglied d. preuß. Abgeordnetenhauses; als parteiloser Außenseiter u. wegen s. geistreichen Schlagfertigkeit stets beachtet. – Benedikt **Waldeck** (1802–1870), preuß. Politiker, 1848 führender Demokrat in der

preuß. Nationalversammlung, 1861–1869 Mitglied d. preuß. Abgeordnetenhauses, 1867–1869 Mitglied d. Norddt. Reichstags, Führer d. Fortschrittspartei im Verfassungskonflikt. 1849 für einige Monate fälschlicherweise unter dem Verdacht der Mitwisserschaft einer revolutionären Verschwörung in Haft; die Kreuzzeitung spielte dabei eine unrühmliche Rolle, vgl. F.s Korrespondenzen für die „Dresdner Zeitung“ (HFA III, 1, S. 16 ff.). – **ein polnischer Abgeordneter**: Im „Times“-Bericht v. 10. Juni (s. o.) heißt es dazu: „[...] and then there were a couple of remarkably bearded and grim-looking Poles, members of that fraction of the Chamber which three days ago made an onslaught upon Government and caused quite a row in the House.“ – **Se. Majestät**, Wilhelm I. (1797–1888), seit 1861 König v. Preußen, seit 1871 deutscher Kaiser; nach seiner Ernennung zum Prinzregenten im Oktober 1858 leitete er die liberale „Neue Ära“ ein. – **„Absetzungen“ ... 750.000 Tlr.**: Gemeint ist die 1861 vom Landtag vorgenommene Kürzung der von der preuß. Regierung verlangten außerordentlichen Bewilligung für den Militäretat um 750.000 Tlr. – **nur von einigen alten** 20
Generalen ... begraben zu werden: Im Originalbericht der „Times“ v. 10. Juni (s. o.) heißt es: „And among the crowd were noticeable, besides, two or three excessively antiquated generals, who looked fit only to be laid up in lavender in a casemate.“ – **Habeat sibi!** (lat.), meinetwegen.

Hitze, Saison und Parlament 21

Textgrundlage – E: NP(K)Z Nr. 147, 27.6.1861. W: UK S. 138–139.

„Wir tanzen hier, wie auf einem Vulkan“: Geflügeltes Wort nach „nous dansons sur un vulcan“, in „Une Fête au palais Royal“ (1830) v. Narcisse Achille *Salvandy* (1795–1856), einem frz. Staatsmann von legitimistisch-orleanistischer Gesinnung. – **„Vorabend großer Ereignisse“**: Schlagwort im Vormärz nach der Flugschrift „Der Vorabend großer Ereignisse“, Leipzig 1831, 32 S. – **Saison**: Die brit. Parlamentssaison begann gewöhnlich Anfang Febr. u. endete spätestens am 12. Aug. eines Jahres. – Henry John Temple, Viscount **Palmerston** (1784–1865), engl. Staatsmann, 1807–1829 als Tory, ab 1830 als Whig im Unterhaus, 1855–1858 u. 1859–1865 Premierminister. – **Macdonald**, brit. Captain, hatte im September

1860 auf einer Rheinreise deutschen Reisenden handgreiflich den Zutritt in sein Eisenbahnabteil verweigert. Er wurde daraufhin ohne Haftbefehl festgenommen u. für drei Tage inhaftiert. Die brit. Presse empörte sich über diese Freiheitsberaubung und stellte preuß. Beamtentum u. preuß. Gesetze wortreich an den Pranger. Zu einem spezifisch engl.-preuß. Thema weitete sich daraufhin bis ins Jahr 1862 der sog. Macdonald-Streit aus mit Wortgefechten sowohl im brit. als auch im preuß. Parlament. – **beschlußfähig**: Das fehlende Hilfsverb in zusammengesetzten Zeiten ist für den Journalisten F. vor dieser Zeit, besonders aber während dieser 1860er Jahre nicht
22 ungewöhnlich u. auch in s. Kriegsbüchern nachweisbar. – **grouse-shooting** (engl.), schott. Moorhuhnjagd.

23 Das große Feuer und die Taschendiebe

Textgrundlage – E: NP(K)Z Nr. 150, 30.6.1861. W: UK S. 139–142.

Cotton-Wharf, eigentl. Cotton's Wharf (wharf, engl.: Kai, Anlegestelle), große Magazine am rechten Themse-Ufer, Stadtteil Southwark. – (**s. Nr. 147, 148 und 149**): Unter „Vermischtes" hatte die „Kreuzzeitung" ihre Leser über den verheerenden Brand vom Samstag, dem 22. Juni 1861, in drei eng bedruckten, vermutlich der Schlesingerschen „Englischen Correspondenz" entnommenen Berichten bereits informiert (London, 24. Juni. „Großes City-Feuer", in Nr. 147 v. 27. Juni 1861; London, 25. Juni. „Zum City-Brande", in Nr. 148 v. 28. Juni 1861; London, 26. Juni. „Zum City-Feuer", in Nr. 149, 29. Juni 1861); die Korrespondenz ist im wesentlichen eine Zusammenfassung der darin mitgeteilten Fakten. – **Passepartout** (frz.), Nachschlüssel, hier soviel wie: Durchgangserlaubnis. – **Kordonlinie** (cordon, frz.: Schnur, Band), Absperrung. – **City-Feuer ... 1666**, das das Gebiet zwischen Tower und Temple Church
25 vernichtete. – James **Braidwood** (1801–1861), seit 1833 Leiter der Londoner Feuerwehr; er kam bei diesem Brand ums Leben, als sich in einem der Magazine eine Salpeter-Explosion ereignete und eine dadurch zusammenstürzende Mauer ihn unter sich begrub. – **Wunder der Mechanik**: Vielleicht eine Anspielung auf den Buchtitel „Die Wunder der Mechanik, Arithemtik, Chemie, Optik und Physik", hg. v. Albanus, Naumburg 1858. – **City-Polizeigericht**, in Mansion-

House, am Ende der Poultry, unweit der Börse gelegen. Die „Police“-Spalte der „Times“ vom 25. Juni 1861, S. 11, enthielt die in die Korrespondenz eingeflossenen Details.

Gegensätze und Inkonsequenzen 27
Die William Turner-Galerie

Textgrundlage – E: NP(K)Z Nr. 175, 30.7.1861. W: UK S. 145–147.

drawing-room (engl.), Salon; hier: Empfangstag der Königin Victoria alljährlich im August (bis 1861). – **Bücken, Springen und Voltigieren**: Es war die Krinolinenzeit! – **Interpellationen ... William-Turner-Galerie**: Am 12. Juli 1861 hatte die „Times“ in ihrer „Parliamentary Intelligence“ überschriebenen Seite über eine entsprechende parlamentarische Anfrage v. Lord St. Leonard in der Oberhaussitzung v. 11. Juli berichtet („The Turner Collection of Pictures“). Das Oberhaus beschäftigte sich am 12. u. 15. Juli 1861 erneut mit dem Thema („Times“, 13. Juli 1861: „The Vernon and Turner's Pictures“, „Times“, 16. Juli 1861: „The Vernon and Turner Galleries“). Die Pläne für einen Erweiterungsbau der Nationalgalerie zur Errichtung einer Turner-Galerie wurden kurz darauf auch durch Lord H. Lennox' parlamentarische Anfrage im Unterhaus diskutiert („Times“, 24. Juli 1861: „The Turner Gallery“). – **Wil-** 28
liam Turner, vgl. Anm. zu S. 5. – Gustav Friedrich **Waagen** (1794–1868), dt. Kunsthistoriker, 1832 Direktor der Bildergalerie des Neuen Museums in Berlin, seit 1844 Prof. f. Kunstgeschichte ebd., erwarb sich große Verdienste mit seinen Publikationen über europäische Gemäldesammlungen in öffentl. u. privaten Galerien. F. hatte in Waagens Begleitung 1857 die Kunstausstellung in Manchester besucht. In seinen Kunsturteilen hat er sich eng an Waagen gehalten. – **„damit Leute, die ... Kunstgenuß gestört würden.“**: 29
Entsprechend F. auch in seinem 9. Brief „Aus Manchester“; vgl. HFA III/3, 1, S. 503. Es gibt zwei Turner-Bleistiftporträts v. John Linnell (1792–1882) u. Charles Turner (1773–1857) sowie drei Selbstporträts Turners aus der frühen Zeit zw. 1791 u. 1798. – **ein Seitenstück zu dem berühmten Claude Lorrain**: Gemeint ist Claude Lorrains (1600–1682) Ölgemälde „Landschaft mit Jakob, Laban und seinen Töchtern“ von 1654, das Turner zu seinem „The Festival

upon the Opening of the Vintage at Macon“ (1803, ausgestellt 1857 in Manchester) in Komposition, Licht u. klassischer Thematik schöpferisch inspiriert hatte.

30 Das Shakespeare-Haus in Stratford

Textgrundlage – E: NP(K)Z Nr. 254, 30.10.1861. W: UK S. 158 f.

Vatermörder, s. Anm. zu S. 9. – **Rule Britannia**: „Rule Britannia, rule the waves, / Britons never shall be slaves“, aus James Thomson (1700–1748), „Alfred, a masque“ (1740), II; 2. brit. Nationalhymne. – **auf einem Kajüten-Sopha ... wie einen karierten Schlagbaum**: Anspielung auf die damals vieldiskutierte Macdonald-Affäre, s. Anm. zu S. 21. – William **Shakespeare** (1564–1616), engl. Dichter u. Dramatiker, in Stratford-upon-Avon vermutl. bis 1585 und dann wieder ab 1612 dauernd ansässig. – Das nach traditioneller Überlieferung als **Geburtshaus** Shakespeares geltende Haus in der Henley Street, ein Fachwerkhaus im elisabethanischen Stil, war 1847 in die Verwaltung des „Birthplace Trust“ übergegangen. F. hatte es am 13. Aug. 1856 besucht (GBA T 1, 158 f.) u. s. Familie ein Bild davon nach Berlin gesandt (an Emilie, 14. Aug. 1856, HFA IV, 1, S. 527). – Das nur noch an seinen Grundmauern erkennbare **Wohnhaus** Shakespeares am New Place, 1483 erbaut, 1597 von S. erworben, gehörte zu den vornehmsten Häusern in Stratford und lag mitten im Ort, in der Nähe der Schule u. der Gildenkapelle. Hier verbrachte S. seine letzten Lebensjahre. – **die Gruft** in der Holy Trinity Church, einer im Decorated u. Perpendicular Style erbauten Kirche (12.–15. Jh.), liegt an der Nord-Seite des Chors. –
31 **Fleischerscharrn**, Verkaufsstelle f. Fleisch. – **Walter Scott**, (1771–1832), seit 1820 Baronet, schott. Romanschriftsteller; er ritzte seinen Namenszug in die Fensterscheibe des als Geburtszimmer geltenden Raums im ersten Stockwerk ein. – George Gordon Noël **Lord Byron** (1788–1824), engl. Dichter. – **Thomas Moore** (1799–
32 1852), ir. Dichter u. Schriftsteller. – **Gut Freund ... mein Gebein**: Die originale Inschrift lautet: „Good Frend for Jesus sake forbeare, / To digg the dust enclosed heare; / Bleste be the man that spares thes stones, / And curst be he that moves my bones.“ – **Büste Shakespeares**: Das sieben Jahre nach Shakespeares Tod an

der linken Seitenwand angebrachte Wandepitaph mit der Sandsteinbüste des Dichters wurde bald nach Shakespeares Tod von dem Bildhauer Gerard Johnson ausgeführt.

Der große Meerestunnel zwischen Dover und Calais 33

Textgrundlage – E: NP(K)Z Nr. 277, 27.11.1861. W: UK S. 165 f.

James **Chalmers** (um 1819–1868), engl. Ingenieur, Erfinder u. Schriftsteller. – Jopseph Aimé **de Gamond**, eigentl. Thomé de G. (geb. 1807), frz. Ingenieur. – **Louis Napoleon**, Napoleon III., 34
eigentl. Charles Louis Napoléon Bonaparte (1808–1873), 1852–1870 Kaiser der Franzosen. – Die 560 m lange **Tubular-Brücke ... zwischen Wales und Anglesea** (Anglesey), 1846–1850 von Robert Stephenson (1803–1859) erbaut, besteht aus „zwei parallelen rechteckigen Röhren", die auf 5 Pfeilern, davon drei im Wasser, ruhen. „Die Hauptschwierigkeit beim Bau der Brücke bestand darin, die kolossalen Mittelstücke, im Gewicht von 1600 Tonnen, auf Pontons an ihre richtige Stelle zu schaffen und sie dann mittels gewaltiger hydraulischer Maschinen emporzuheben und an den Türmen zu befestigen." (Karl Baedeker: Großbritannien. England (außer London), Wales, Schottland und Irland. Handbuch für Reisende, Leipzig 1889, S. 236).

Die schottische Zigeunerkönigin 36

Textgrundlage – E: NP(K)Z Nr. 285, 6.12.1861. W: UK S. 171f.

Kelso am Tweed (Borders, Schottland), berühmt wegen seiner malerischen Kirchenruine (seit 1545) im normannischen u. frühenglischen Stil. – **altes romantisches Land**: Nach den Eingangsversen von Christoph Martin Wielands (1733–1813) Gedicht „Oberon" (1784): „Noch einmal sattelt mir den Hippogryphen, ihr Musen / Zum Ritt in's alte romantische Land!" Das Zitat findet sich mehrfach bei F. (als Kapitelüberschrift in „Kriegsgefangen. Erlebtes" (1870), HFA III, 4, S. 543). – **Melrose** am Tweed, deren Abtei als schönste Ruine Schottlands gilt. – In **Dryburgh**-Abbey ist Sir Walter Scott in der Gruft seiner Vorfahren beigesetzt. Die umfangrei-

chen Ruinen der Abtei aus dem 12.–14. Jh. bestehen aus Teilen der Kirche, dem Kapitelhause, Refektorium, Kreuzgang u. den Wohngebäuden der Mönche. – **König David** I. (1085–1153), seit 1124 König von Schottland. – **Roxburgh-Castle**, am Südufer des Tweed (nahe Floors Castle), von dem nur noch unbedeutende Trümmer
37 erhalten sind. – **husch, husch, husch ... rasselt**: Aus „Lenore" (1773) des Sturm- u. Drang-Lyrikers Gottfried August Bürger (1747–1794). – **So erzählte mir ein Freund aus Kelso**: Die Korrespondenz ist durch einen dem „Kelso Chronicle" entnommenen Bericht „Coronation of the Gipsy Queen" in der „Times" vom 23. Nov. 1861, S. 9, angeregt worden; der engl. Text folgt hier als Beispiel für F.s Umgang mit s. Quellenmaterial: „The coronation of her Majesty Queen Esther Faa Blythe, which has been for a few weeks back a subject of much discussion here, took place on Tuesday last. As our readers are aware, there were two candidates in the field for the vacant honour. It was decided to settle the matter by election; but on the day fixed for that purpose (Tuesday last) no opposition appeared, and Esther was forthwith chosen Queen, and the coronation ceremony was duly performed. The Royal proclamation which she had issued had the effect of calling together a goodly number of the tribe; but the weather became very unfavourable, and no doubt deterred many of the general public from witnessing the ceremony. On this interesting occasion Esther was attended by princes and princesses of the Royal blood – her brother Prince Charles, and a nephew of the same name and title; and two of the princesses acted as equerries to Her Majesty, some of Her Majesty's grandchildren also being present. The Queen, mounted on her palfrey, proceeded to the Cross, where the ceremony of coronation was to be performed, the crown-bearer and crowner following behind. The procession having halted, the crowner stepped forward and placed the coronet upon her head, a Scotch thistle being a very prominent ornament upon it. The crowner, from a roll of parchment, proclaimed that he having crowned her deceased father, King Charles, from his inherent right of crowner, and from the fact of the late king dying intestate, he now placed the crown upon the head of Esther, and with public proclamation at the Cross of her dominions he proclaimed her Queen Esther Faa Blythe, „challange who dare". On the termination of the Royal ceremony her loyal subjects with three times three cheers rent the air; and „a reign of

long life and happiness to Queen Esther“ was the general cry. The Queen, in a short and pathetic speech, thanked *her* subjects for the high honour they had conferred upon her in choosing her to occupy the throne of her ancestors, and expressed the hope that during her reign they would conduct themselves quietly and live at peace with all men. Afterwards a congratulatory address was presented to Her Majesty on her happy accession to the throne, and expressing a fervent wish that she might long worthily fulfil the duties of her Royal house. A supply of genuine „mountain dew“, was handed round, and flowing bumpers quaffed to Her Majesty's „health and happiness“. The procession being again formed, the Queen's piper riding his sprightly charger, his wife Elizabeth acting as groom in waiting, a whole host of followers proceeded through the villages, calling at the various inns and refreshing her attendants, Her Majesty frequently recognizing individuals of her acquaintance. After they had again returned to the Cross the Queen in an short speech thanked her attendants and subjects for their attention, and, seated on the chair of state, proposed that „Lamed Jamie“ and Her Majesty, with her sister-in-law and Royal brother, should lead down the dance, which was done with spirit, but the slippery state of the green prevented the free use of the feet. After a while, however, the rain compelled them to retire under cover, where Her Majesty held a levée, the Royal princes and princesses and retinue only being admitted.“

Feuerlösch-Ordnung 38

Textgrundlage – E: NP(K)Z Nr. 40, 16.2.1862. W: UK S. 197.

Wer hier jemals die Spritzen ... sah: Vgl. F.s „echte“ Londoner Korrespondenz von 1858 „‚Immer langsam voran‘ – und die Londoner Feuerwehr“ (NFA XVIII a, S. 772 f.). – Thomson **Hankey** (im 40
Druck: Hawkey) (1805–1893), Volkswirtschafter, liberales Mitglied d. Unterhauses. Der Parlamentsbericht in der „Times“ v. 11. Febr. 1862, S. 8, berichtet über Hankeys parlamentarische Anfrage. – **„Die meisten von uns ... im Winde schüttelt“**: Das poetisch formulierte Zitat ist dem 4. Leitartikel der „Times“ vom 11. Febr. 1862, S. 9, entlehnt: „There is nothing, however, seriously to interfere with the reign of King Fire when he raises his red head in earnest and shakes his locks in the dark night.“

41 Das Haus der Lords und die Adelsgeschlechter

Textgrundlage – E: NP(K)Z Nr. 51, 1.3.1862. W: UK S. 199–201.

Den Stoff zu dieser Korrespondenz lieferte der vierte Leitartikel der „Times“ v. 18. Febr. 1862, S. 9.

normannische Eroberung 1066 durch William I., d. Eroberer (um 1027–1087). – **Ausgang des Kampfes der beiden Rosen (1483) ... Kämpfe zwischen den Häusern York und Lancaster**, die sog. Rosenkriege 1455–1485 zwischen den Dynastien York (weiße Rose im Wappen) und Lancaster (rote Rose im Wappen). – **Howards**: Im o. g. Leitartikel der „Times“ heißt es dazu: „The Howards were both noble and powerful before the Reformation, but the title of Norfolk has not descended through an unbroken lineage.“ – Henry Fitzalan Howard (1847–1917), seit 1860 **Herzog von Norfolk**, strenger Katholik u. Förderer der Interessen seiner Kirche. – **Tudor-Zeit**: 1485 (begründet durch Heinrich VII.) bis 1603. – **Heinrich VIII**. (1491–1547), seit 1509 König v. England. – **Elisabeth** I. (1533–1603), seit 1558 Königin v. England u. Irland. – **Zeit der Stuarts und Königin Anna**: 1603 (begründet durch Jakob I.) bis 1714; Anna Stuart (1665–1714), Königin v. Großbritannien u. Ir-
43 land (seit 1702), die letzte Stuart auf dem engl. Thron. – **Epoche der beiden ersten Hannoveraner**: Personalunion v. Großbritannien u. Hannover begründet 1714 durch Georg I. (1660–1727), dem 1727 dessen Sohn als Georg II. (1683–1760) auf dem engl. Thron folgte. – **Georg III.** Wilhelm Friedrich (1738–1820), seit 1760 König v. Großbritannien u. Irland, Kurfürst v. Hannover, seit 1814 König v. Hannover. – George Brydges (1718–1792), seit 1782 **Lord Rodney** von Rodney-Stoke, brit. Admiral, der „Held von Gibraltar“, der den Versuch Spaniens zwischen 1779 und 1782, Gibraltar zu Wasser u. zu Lande zurückzuerobern, vereiteln half. – John Singleton Copley, Baron **Lyndhurst** (1772–1863), brit. Staatsmann, einer der einflußreichsten Politiker der Tories. Lyndhurst ist Hauptort des südwestl. v. Southampton gelegenen New Forest, einst königliches Jagdrevier. – **67 Hintermänner**: Dazu im Leitartikel der „Times“ (s. o.): „The barony was created for him in his own person, and yet has lived to see between sixty and seventy Barons added to
44 the list below him.“ – **Sir Colin Campbell** (1792–1863), seit 1858 **Lord Clyde** of Clydesdale, 1857/58 Oberbefehlshaber der brit. Truppen in Indien, seit 1862 brit. Feldmarschall. **Clyde**, längster

Fluß Schottlands, Zufluß des Firth of Clyde. – **Forth**, Fluß in Mittel-Schottland, mündet in den Firth of Forth. – **Derwentwater** (Derwent Water) in Cumbria (England), malerischer See. – **Lansdowne** (im Druck: Landsdowne), Henry Petty Fitzmaurice (1780–1863), seit 1809 Marquis von Lansdowne, bekleidete verschiedene Ministerämter in liberalen Kabinetten, zuletzt 1855–1858 unter Palmerston ohne Portefeuille.

Die Hartley-Grube 45
Schlechte Bau-Polizei und Häusereinstürze

Textgrundlage – E: NP(K)Z Nr. 55, 6.3.1862. W: UK S. 201–203.

Unglück in der Hartley-Kohlengrube (New Hartley, Hampshire), bei dem mehr als 200 Menschen getötet wurden. – **Der Brunnen ... hineingefallen ist**, Aufnahme d. Sprichworts: „Wenn das Kind ertrunken ist, deckt man den Brunnen" („Die deutschen Sprichwörter", gesammelt v. Karl Simrock, Stuttgart 1988, Nr. 1360). – **Ich schrieb Ihnen neulich**: Vgl. die Korrespondenz „Feuerlösch-Ordnung", S. 38 ff. – **accidents** (engl.), Unglücksfälle. – **Vor einigen Tagen**: Das Unglück fand bereits am 12. Febr. 1862 in der Amherst-Road statt; vgl. dazu die „Times"-Berichte vom 13. Febr. 1862, S. 10: „Dreadful Accident at Hackney" u. 14. Febr. 1862, S. 12: „The Accident at Hackney". Die Artikel sind als Quelle benutzt worden. – **Hackney**, nordöstl. Stadtteil Londons, nördlich des Victoria Parks gelegen. – **Deutschen Hospital**, German Hospital nahe 47
Hackney, das zu jener Zeit mittellose, erkrankte Deutsche unentgeltlich aufnahm.

Magdalenen-Institut 48

Textgrundlage – E: NP(K)Z Nr. 69, 22.3.1862. W: UK S. 205–207.

Magdalenen-Institut: Die von Diakonissen geleiteten deutschen Magdalenenstifte nahmen in Not geratene Mädchen auf, die in solchen Häusern jahrelang leben konnten. – **John Bull** („Hans Stier"): 49
Diese Personifikation des typischen Engländers geht zurück auf John Arbuthnots geistreiche Satire „History of John Bull" von

1712. F. verwendet die Bezeichnung oft, und zwar sowohl für das engl. Volk als Gesamheit als auch für den einzelnen selbstbewußten Engländer. In s. Theaterkritik von Gottschalls „Pitt und Fox“ spricht er vom „stierköpfigen John Bulltum“ (HFA III, 2, S. 180).

50 Noch einmal die Magdalenen-Institute
Gute Sitte

Textgrundlage – E: NP(K)Z Nr. 92, 18.4.1862. W: UK S. 210 f.

Nr. 69: Vgl. die vorhergehende Korrespondenz „Magdalenen-Institut“. – **„bete und arbeite“**, Leitgedanke aus der Benediktinerregel
51 von 535/36. (lat.: ora et labora). – **Dissenter** (engl. Andersdenkende), sog. Nonkonformisten, die nicht zur anglikan. Staatskirche gehören. Das Thema der Dissenter-Prediger beschäftigte F. bes. im Dez. 1856 (vgl. GBA T 1, 16. Dez. 1856 u. Anm. dazu). – **Haymarket**, im Londoner Westen, unweit der National Gallery. – **Réunion** (frz.), gesellige Zusammenkunft. – **„Mädel, Mädel, ruck, ruck, ruck“**: „Mädle, ruck, ruck, ruck“, schwäbische Volksweise, bekannt durch Friedrich Silchers Sammlung „Volkslieder“ (1836).

52 Die unterirdische Eisenbahn

Textgrundlage – E: NP(K)Z Nr. 95, 24.4.1862. W: UK S. 211–215.

„Merrimac“ und „Monitor“: Die konföderierte „Merrimac(k)“ und der unionistische „Monitor“ hatten sich im U.S.-Bürgerkrieg am 9. März 1862 das in der Seekriegsgeschichte erste Gefecht zwischen zwei Panzerschiffen geliefert; das historische Datum markiert den Beginn des Übergangs vom hölzernen zum eisengepanzerten Kriegsschiff. – **Die Fahrt, die stattfand**: Über diese erste Probefahrt am Samstag, dem 5. April 1862, berichtete die „Times“ am 7. April 1862, S. 12: „The Metropolitan Subterranean Railway“. Die Korre-
55 spondenz enthält Einzelheiten des Artikels. – **Wunderzeit der Technik und Mechanik**: s. Anm. zu S. 25. – **makadamisiert**: Nach ihrem Erfinder John Loudon McAdam (1756–1836) benannte, als vorbildlich geltende Straßenbauweise, bei der gleichmäßig gänseeigroße Steine in mehreren, jeweils gewalzten Lagen bis zu einer Dicke von 25 cm übereinander geschichtet werden.

Über Teehandel und Teetrinken 57

Textgrundlage – E: NP(K)Z Nr. 127, 3.6.1862 (Beilage). W: NFA XXI/2, S. 670–672; UK S. 215 f.

Blaubücher: Nach der Farbe ihres Umschlags „Blue Books" genannte staatl. Berichte polit. Inhalts. – **conchinchinesische Hühner**: Das rebhuhnfarbige Conchinchina-Huhn war Mitte der 1850er Jahre in England, später auch in Deutschland, als Nutzhuhn eingeführt worden. – Marie de Rabutin-Chantal, Marquise de **Sévigné** 58
(1626–1696), frz. Schriftstellerin, bekannt durch ihre „Lettres de Marie de Rabutin Chantal de Sévigné à la Comtesse de Grignan, sa Fille" (1756). – **William Cobbett** (1762–1835), engl. Landwirt, Essayist u. Politiker, ab 1804 radikalliberaler Führer der brit. Arbeiterschaft, später Tory. – **Lord Sidmouths Eiferung gegen die** 59
Gaslaternen: Henry Addington, Viscount Sidmouth (1755–1844), brit. Staatsmann; während seiner Amtszeit als Innenminister (1812–1822) wurden 1814 in St. Margareths, London, die ersten Gaslaternen in England eingeführt. – Edward **Jenner** (1749–1823), engl. Arzt, Entdecker der Rinderpockenlymphe als Pockenschutzimpfstoff für die Humanmedizin („An Inquiry into the Causes and Effects of the variolae vaccinae", London 1798). England ehrte ihn durch eine 1857 in Kensington Gardens errichtete Statue. – **„teathings"** (engl.), Teegeschirr.

Der Yelverton-Prozeß 60
Miß Longworth oder Mrs. Yelverton?
Schottische und irische Ehe

Textgrundlage – E: NP(K)Z Nr. 172, 26.7.1862. W: UK S. 245–247.

über dessen erste Instanz ich ... schrieb: Vgl. UK S. 117–119, „Ein interessanter Prozeß. Die schottische und irische Ehe-Gesetzgebung" (NP(K)Z Nr. 62, 14.3.1861). Über den Prozeß brachte die „Times" monatelang ausführliche Berichte. – **Ausstellung**: Im Mai war in London die „International Exhibition" eröffnet worden. – **Preisschießen und Preisverteilung**: In der zweiten Juliwoche hatte in Wimbledon die „National Rifle Association" stattgefunden. Die „Times" ging darauf in ihren Ausgaben vom 12. (S. 14) u. 15. Juli

(S. 7) 1862 ein. – **zu letzter und ... Tribunal des Landes**: Anders
als nach der Parliament Act von 1911 war das brit. Oberhaus da-
mals noch oberster Gerichtshof in schweren Strafsachen, die sich
gegen Angehörige des brit. Hochadels richteten. – William Charles
Yelverton (1824–1883), Sohn des Barry John Yelverton, Viscount
Avonmore (1790–1870), war Beklagter in dem seit 1861 verhandel-
ten, seinerzeit Aufsehen erregenden „Yelverton marriage case". –
Theresa **Longworth** (gest. 1881), bekannt geworden als Klägerin im
61 „Yelverton marriage case". – **Krimkrieg** (1853/54–1856), militäri-
sche Auseinandersetzung Rußlands mit dem osman. Reich, das von
Großbritannien, Frankreich u. Sardinien unterstützt wurde. – **Scu-
tari** (türk.: Üsküdar), am Bosporus, gegenüber Istanbul gelegen. –
Sebastopol (Sewastopol), auf der Krim am Schwarzen Meer gelegen,
wurde im Krimkrieg von den verbündeten osman., brit. u. frz.
Truppen zerstört. – **Balaklava** (Balaklawa), nahe Sebastopol, im
Krimkrieg von brit. Truppen besetzt u. am 5. Okt. 1854 erfolgreich
gegen russ. Rückeroberungsversuche verteidigt. Vgl. die Korrespon-
denz „Lord Cardigan", S. 153 ff. – Sir Charles Thomas van **Strau-
benzee** (1812–1892), engl. General, Teilnehmer am Krimkrieg. –
62 **Mrs. Forbes**, in 1. Ehe verheiratet mit Edward Forbes (1815–1854),
brit. Naturforscher, zuletzt Prof. der Naturgeschichte an der Univer-
63 sität zu Edinburg. – **cause célèbre** (frz.), Sensationsprozeß. – **Die
Times hat sich ...**: Bezug zum Leitartikel der „Times" vom 10. Juli
1862, S. 11, auf den der Edinburger Anwalt Theresa Yelvertons,
James Somerville, in einem Leserbrief „To the Editor of the Times"
reagiert hatte (vgl. „Times", 12. Juli 1862, S. 11: „The Yelverton
Scotch Marriage Case"). – **Farce** (frz.), Posse, Theaterspiel.

64 Einiges über Schotten und Iren
Die Hochländer nur noch in Sage und Dichtung; der Irländer eine Wirklichkeit
Ein irisches Steeple-chase

Textgrundlage – E: NP(K)Z Nr. 256, 1.11.1862. W: UK S. 275–278.

65 **Kilt** (engl.), Schottenrock. – **„Paddy"**: Abkürzung für Patrick,
66 Name d. ir. Schutzheiligen; in England Spitzname für Iren. – **Redan**
(frz.): besondere Form eines militärischen Verteidigungswerks, das

im Krimkrieg 1854/55 bei der Verteidigung von Sebastopol auf dem „Redan“ angewendet wurde, hier aus dem „Times“-Artikel „Riot in Hyde Park“ vom 6. Okt. 1862, S. 7, aufgegriffen. Auch einer der Leitartikel in derselben Ausgabe beschäftigte sich mit den gewaltsamen Ausschreitungen im Anschluß an eine vom „Working-Men's Garibaldian Fund“ organisierte Sonntagvormittags-Demonstration im Hyde Park, eine Sympathiekundgebung für Garibaldi, an der 80.000 bis 90.000 Menschen teilgenommen hatten. Bewaffnete organisierte irische Gruppen waren von der „Times“ für die Ausschreitungen verantwortlich gemacht worden. An den folgenden Sonntagen gab es entsprechende Kundgebungen im Hyde Park. – **furia francese** (ital.), französische Raserei. – **„hibernischen Furia“** (hibernia (lat.), Irland), irische Raserei. – **Tropfen politischer Tinktur**: Die 1861 in Irland gegründete militante Vereinigung der Fenier begann damals, die Bevölkerung in Irland u. Großbritannien durch gezielte Agitationen auf ihre Ziele aufmerksam zu machen; sie wollten durch revolutionäre Erhebungen die Loslösung Irlands von England erzwingen u. eine ir. Republik ausrufen. – **Steeple-chase** (engl.), Hindernisrennen im Pferdesport. F. verwendet den Begriff später noch öfter als Metapher: „Entzückendes Steeple-chase; das Gefühl der Fährlichkeit geht in der Wonne des Hindernisnehmens unter“ („Wanderungen durch die Mark Brandenburg“, ‚Die Grafschaft Ruppin‘, ‚Ruppiner Schweiz‘, HFA II, 1, S. 340); vgl. auch „L'Adultera“, ‚Entschluß‘ (HFA I, 2, S. 90), „Graf Petöfy“, 26. Kap. (HFA I, 1, S. 822), „Der Stechlin“, 22. Kap. (HFA I, 5, S. 212). – **vor kurzem in Limerick**: Das „Irish Steeplechase“ der Limerick Races hatte bereits am 23./24. Sept. 1862 stattgefunden; die „Times“ berichtete darüber in einem ungezeichneten Artikel ihrer Ausgabe vom 26. Sept. 1862, S. 10. – Karl **Rappo** (geb. um 1800), bekannter Athlet aus Innsbruck, trat mit äquilibristischen Kunststücken auf u. erntete durch seine Kraftstücke überall Beifall. – **Blondin**, s. Anm. zu S. 14. Blondins Vorführungen im Kristall-Palast nahmen an Wagemut zu bis dahin, daß er seine Frau über das hohe Seil trug. – **roten Freibeuter**: Anspielung auf den Helden in James Fenimore Coopers (1789–1851) Roman „The Red Rover“ (1827), dt.: Der rote Freibeuter (1828). – **ich gebe den Bericht des irischen Berichterstatters, Oberst Dickson**: Der übersetzte Text (Beispiel für die Flüchtigkeit „unechter“ Berichterstattung) ist dem unsignierten „Times“-Artikel vom 26. Sept. 1862 stellenweise wörtlich, aber stark gekürzt entnommen. F. schließt sich der Argumentation des Artikels an. Über den Artikel beschwerte sich daraufhin am 28. Sept. 1862 Oberst S. A. Dickson, Lieut.-Col., M. P., in einem offenen Brief an den Herausgeber der „Times“, abgedruckt am 2. Okt. 1862: „Sir, – The press is a great institution, and your portion of it, perhaps, the most influential, though unfortunately rather biassed against my politics and my country. I must, however, protest against the extreme unfairness of your late attack upon our manners, sports, and character. [...] I have for 12 years regularly attended steeplechases over this same course, which is one of the fairest courses in the kingdom; [...] Never before have any of these casualities occurred. On the present occasion their number is to be deplored, but may be attributed rather to the object than the character of the races. [...] what I complain of is the *animus* which pervades every description of Irish matters, be it a Poor Law, a murder, national distress, or a national steeplechase. If steeplechasing is encouraged and popular in England, why accuse us of brutality for joining in a sport which produces the finest horsemen in the world? And why hold up to scorn and ridicule a country whose sons were the first into suburbs of Sebastopol, and are invariably in the front whenever England's honour is to be defended of her power displayed?“

68 Politische Tartüffes

Textgrundlage – E: NP(K)Z Nr. 87, 15.4.1863. W: UK S. 292 f.

Es sind das jetzt wieder Tage hier: Der zu Beginn des Jahres ausgebrochene poln. Aufstand u. die Vorgänge in Polen wurden in der „Times“ lebhaft diskutiert. Die preußisch-russische Konvention vom Febr., die eine Entrüstung des liberalen Europas hinsichtlich der Zukunft Polens ausgelöst hatte, führte – gemeinsam mit Frankreich und Österreich – zur diplomatischen Intervention Englands am russischen Hof in Petersburg. – **„own correspondent“**: Unter der Überschrift „The Polish Insurrection“ brachte die „Times“ regelmäßig aktuelle Berichte ihres „own correspondent“ sowie ihres „special correspondent“; zum Begriff s. Anm. zu S. 18. – **Lemberg** (poln. Lwów) und **Krakau** (poln. Kraków) waren Zentren der poln. Nationalbewegung. – **daß seitens Preußens nichts anderes gesche-**

hen sei ...: Bezieht sich auf die preußisch-russische Konvention, die besagte, daß in Grenzgebieten – gemeint war: zu Polen – „die russischen wie die preußischen Truppenführer ermächtigt werden, sich gegenseitig Beistand zu leisten und, wenn nötig, zur Verfolgung der in das Gebiet des andern übertretenden Aufständischen die Grenze zu überschreiten" (zit. nach: „Deutsche Geschichte in Daten", hg. v. Jochen Schmidt-Liebich, Bd. 2: 1770–1918, München 1981, S. 188). Dieses Abkommen erinnert an die Interventionspolitik der Restaurationszeit (Theodor Schieder: „Vom Deutschen Bund zum Deutschen Reich 1815–1871" (Gebhardt: „Handbuch der deutschen Geschichte, Bd. 15), München 1992, S. 146). – **Insurgent**
(lat.), Aufständischer. – **die bekannten indischen Zerfetzungen**, 69
s. u. Anm. zu „Die ‚von der Kanone Weggeblasenen'". – **Geschichte vom Splitter und Balken**: Aufnahme des sprichwörtlichen „Man sieht den Splitter im fremden Auge, im eignen den Balken nicht." („Die deutschen Sprichwörter", gesammelt v. Karl Simrock, Stuttgart 1988, Nr. 710) – Oliver **Cromwell** (1599–1658), Staatsmann u. Heerführer, Protektor der vereinigten Republik England,
Schottland u. Irland. – Wilhelm August, **Herzog von Cumberland** 70
(1721–1765), Sohn Georgs I., besiegte 1746 bei Culloden den Kronprätendenten Karl Eduard, genannt Prinz Charlie (1720–1788), u. verfolgte dessen Anhänger mit unerbittlicher Grausamkeit. – **Die dänische Flotte ward überfallen und zerstört, Kopenhagen zweimal bombardiert**: Das brit. Bombardement v. Kopenhagen 1807 u. die Wegnahme der gesamten dän. Flotte trieben Dänemark in das Lager Napoleons I. – **Ionier**: 1848/49 war es auf den unter brit. Protektorat stehenden sieben ionischen Inseln zu Aufständen gegen die engl. Krone gekommen, die die Regierung mit Gewalt unterdrückte. – **Kanadier**: vermutl. gemeint der engl.-frz. Kolonialkrieg, nach dessen Ende 1759 das erschöpfte Kanada an die brit. Krone überging (Frieden v. Paris 1763). – **China**: Bezugnahme auf den sog. Opiumkrieg zwischen Großbritannien u. China 1840–1842, der durch die brit. Flottenüberlegenheit entschieden wurde. – **England in Ostindien**, vgl. Anm. zu S. 1, Stichwort: Delhi; wiederholtes Thema F.s. – **Die „von der Kanone Weggeblasenen"**: Bei Niederwerfung des ind. Sepoy-Aufstandes 1857/58 wurden gefangene Aufständische mit Kanonen niedergeschossen, was als „blowing away from the gun" Schlagzeilen in England machte. Vgl. F. „Bilderbuch aus England". ‚Eine Stunde unter den Werbern' (1858),

in: HFA III, 1, S. 189. – **Tartüffe**, sprichwörtlich durch Molières „Tartuffe ou l'imposteur" (1667) und Karl Gutzkows damals sehr bekanntes Lustspiel „Das Urbild des Tartüffe" (1844).

71

Anna Wolkley
Einiges über black-holes in London
Die alte Komödie

Textgrundlage – E: NP(K)Z Nr. 159, 11.7.1863. W: UK S. 303–306.

Mitleids-Paroxysmen, heftige Anfälle von Mitleid. – **daß alles beim alten bleibt**: Wiederholte Sozialkritik F.s, charakteristisch für sein England-Bild zu dieser Zeit; vgl. auch den letzten Satz dieser Korrespondenz u. die folgende Korrespondenz. Hermann Wagener, Chefredakteur der „Kreuzzeitung" in den fünfziger Jahren, schreibt im Rückblick 1885, „daß die Kreuzzeitungs-Partei schon in den fünfziger Jahren die Bedeutung der socialen Frage im vollen Umfange erfaßt hatte und auch über die Mittel und Wege zu deren Lösung nicht im Unklaren war", auch wenn solche Gedanken „nur von einem Bruchteil der Partei acceptirt und vertreten wurden und daß das Gros der sogenannten conservativen Partei leider damals, ebenso wie heute, für diese Dinge kein Ohr hatte" („Die kleine aber mächtige Partei. Nachtrag zu Erlebtes", Berlin 1885, S. 3 u. 5). – **Greenwich-Pensionäre**: Im von Sir Christopher Wren (1632–1723) entworfenen Greenwich Hospital hatten dienstunfähige u. ausgediente Matrosen der engl. Flotte freie Wohnung und Kost (1862: 2700). – **outcry** (engl.), Schrei der Entrüstung. – **needle-women** (engl.), Näherinnen. – **fits** (engl.), Launen, Ausbrüche. – **Thomas Hood** (1799–1845), engl. Dichter teils humoristischer, teils sozialkritischer Themen. – **von Freiligrath ... übersetzt**, Ferdinand Freiligrath (1810–1876), wegen seiner radikal-politischen Gesinnung 1846–1848, 1851–1868 in London im Exil; dort hatte er im Sommer 1847 die Nachdichtungen der beiden Gedichte von Thomas Hood verfaßt. – **Regent-Street**, belebte Geschäftsstraße Londons, an der sich in Haus Nr. 170 das Etablissement von Madame Elise, „Court dressmaker", befand. Die „Times" berichtete darüber in ihrer Ausgabe vom 20. Juni 1863, S. 11, unter der Überschrift: „Death in the Workroom". Der Fall erregte Aufsehen, führte zu mehreren

Briefen „To the Editor of the Times“ (unter der Überschrift „Worked to Death“ oder „Death from Overwork“ abgedruckt) und wurde in einem Leitartikel („Times“, 26. Juni 1863, S. 11) besprochen. – **Miss Anna Wolkley**: In der „Times“ ist der Name mit Mary 74
Anne Walkley angegeben. – Anthony Ashley Cooper, Earl of **Shaftesbury** (1801–1886), seit 1851 Sitz im Oberhaus, setzte sich in zahlreichen sozialen Einrichtungen für die Verbesserung der Lage sozial schwacher Bevölkerungsgruppen ein.

Die Explosion zu Erith. Auf einem Vulkan Themsewasser 75

Textgrundlage – E: NP(K)Z Nr. 240, 13.10.1864. W: UK S. 396–398.

Erith, östlich v. London, am rechten Themseufer am Fuß eines bewaldeten Hügels hübsch gelegen (Belvedere). Die Pulver-Explosion zu Erith fand am 1. Okt. 1864 in zwei Munitionslagern dort ansässiger Firmen statt u. verursachte Zerstörungen im Umkreis ½ engl. Meile. Die Einzelinformationen sind den „Times“-Leitartikeln vom 3., S. 6 f. u. 7. Okt. 1864, S. 6 sowie dem 1. Report „Awful catastrophe at Belvedere“, „Times“, 3. Okt. 1864, S. 7, entnommen. – **Wir hören**: Die Informationen stammen aus der „Times“ v. 8. Okt. 1864, S. 12, „Military and Naval Intelligence“. – **Upnor**, östlich v. London am linken Ufer des Medway; das am Ende des 16. Jh.s erbaute Castle diente damals als Pulvermagazin. – **Docks zu Chatham**: Die Marinewerft zu Chatham, Grafschaft Kent, unter Königin Elisabeth I. (1533–1603) angelegt, erstreckte sich kilometerweit am Medway entlang. – **Portsmouth** (Hampshire), gegenüber der Isle of Wight, Hauptflottenstation Englands; die Kenntnis geht zurück auf einen Bericht in der Spalte „Military and Naval Intelligence“ der „Times“ v. 5. Okt. 1864, S. 12. – **Purfleet**, östlich v. London, am linken Themseufer gelegen, Ort großer Marine-Munitionsmagazine und bedeutender Kriegsschiffswerften; die Information taucht in einem Leserbrief aus Woolwich auf („Times“, 6. Okt. 1864, S. 10). – **Greenwich**, 6 engl. Meilen südöstl. von London an der Themse gelegen. – **Woolwich**, 9 engl. Meilen südöstl. von London an der Themse gelegen. – **Gravesend**, beliebter Ausflugsort an der Themse, östl. v. London. – **heute melden uns**: Vgl. „Times“, 8. Okt. 1864, S. 6 („The Late Explosion at Erith“), S. 9 („The Belvedere

Catastrophe"), S. 12 („Military and Naval Intelligence"). – **Rich-**
77 **mond**, auf einem Hügel am rechten Themseufer südwestlich v. London gelegenes Städtchen, beliebtes Sommerausflugsziel der Londoner. – **und doch ist alles beim alten geblieben**: Vgl. die vorherige Korrespondenz u. Anm. dazu. – **„Ädilen"**: in röm. Zeit hohe Beamte, die u. a. die Polizeiaufsicht ausübten. – **Selfgovernment** (engl.), Selbstverwaltung. Mit dem Thema der dezentralisierten kommunalen Selbstverwaltung im konstitutionellen Staat hat sich F. seit seinem England-Aufenthalt kritisch auseinandergesetzt und dessen Krisen auf materielle Profitsucht u. egoistisches Machtstreben der polit. Parteien zurückgeführt; vgl. auch z. B. s. Tagebuch v. 10. März 1856 (GBA T 1, S. 92).

79
Mr. Gladstone und die Penny-Blätter
Londoner Trinkwasser

Textgrundlage – E: NP(K)Z Nr. 246, 20.10.1864. W: UK S. 398–402.

Benjamin **Disraeli**, späterer Earl of Beaconsfield (1804–1881), brit. Staatsmann u. Schriftsteller, Verfechter der Tory-Democracy; F. zitiert Sentenzen des als schlagfertig bekannten Disraeli auch in anderen Zusammenhängen, vgl. z. B. „Ein Sommer in London", ‚Der verengländerte Deutsche' (HFA III 3/1, S. 133) oder seine Besprechung der großen Londoner Kunstausstellung 1856 in der Royal Academy (HFA III, 3/1, S. 414). – William Ewart **Gladstone** (1809–1898), einer der bedeutendsten engl. Staatsmänner des 19. Jh.s, 1832 als Tory ins Unterhaus gewählt, in den fünfziger Jahren Wechsel ins liberale Lager, seit 1859 im Kabinett Palmerston Schatzkanzler. – **Bolton**, Industriestadt nordwestl. v. Manchester. Gladstones Eröffnung des Volksparks „Farnworth Park", nahe Bolton, ist Thema eines „Times"-Leitartikels v. 14. Okt. 1864, S. 6, der offensichtlich als Informationsquelle gedient hat. – **Aufhebung der Papiersteuer**, s. Anm. zu S. 4. Vgl. dazu das 7. Kap. von F.s Essays über die Londoner Presse (1857): „Die Arrières-Pensées, die Mr. Gladstone gehegt haben mochte, als er sich zum Advokaten der Stempelfreiheit machte, hatten sich als irrig erwiesen; nicht so die Hoffnungen, die die Manchesterpartei an den endlichen Wegfall des Penny-Stamps geknüpft hatte" („Aus England", ‚Die Londoner Presse', ‚Die Londoner Tagespresse', in: NFA XIX, S. 212). –

„Morning Star“: 1856–1869 in London täglich erscheinendes freihändlerisches Pennyblatt, das Organ der Manchesterpartei. F: „Der ‚Star‘ ist das Cobdenitenblatt par excellence. Ebendeshalb zeigt er häufig, wie die Partei selbst, jenes Doppelelement, das im Lager derselben tätig ist“ (ebd., S. 215). – **„Penny-Newsman“**, kurzlebiges Blatt, London 1860–1864, fortgesetzt als „Newsman“ 1864–1865. – **„Weekly Times“**, eigentl. „Weekly Times and Echo“, London 1847–1885, liberales Wochenblatt; vgl. F.s „Aus England.“ ‚Die Londoner Presse‘, ‚Die Londoner Wochenblätter‘, 5. Kap. ‚Die radikalen Wochenblätter‘ (NFA XIX, S. 155). – **„Lloyd's Newspaper“**, eigentl. Lloyd's Weekly Newspaper, London 1843–1918, hervorgegangen aus der ein Jahr zuvor gegründeten Lloyd's Illustrated London Newspaper (vgl. ebd., S. 155 f.). – **„Reynold's Newspaper“**, eigentl. Reynold's Weekly Newspaper, 1850 in London gegründetes demokratisches Sonntagsblatt, v. F. als „das unter allen Blättern vielleicht am meisten verbreitete republikanische Volks- und Wochenblatt“ bezeichnet (ebd., S. 156 f.). – **„Die Penny-Presse“, sagt der Minister ...**: Gladstones große Rede über engl. Pressefreiheit fand in Manchester am 14. Okt. 1864 statt, abgedruckt in der „Times“ am 15. Okt. 1864, S. 7; darin auch das frei übersetzte Zitat: Die Penny-Presse „strengthens in every house those sentiments of affectionate loyality to the Throne, of confidence in the Legislature, and profound attachment to the institutions and affectionate love for the country in which they are born, and with a higher pride and hope of England. [...] that the press of England has been entirely free from legislative and every fiscal restraint – that it is as free as any portion of our institutions, and that it holds a place among them so worthy and so distinguished.“
– **Süd-Staffordshire**, engl. Grafschaft nordwestl. Birminghams, *80*
Hauptstadt des „Black Country“, eines ausgedehnten Kohlen- und Eisengrubenbezirks. – **Warwickshire**, engl. Grafschaft mit hochentwickelter Industrieregion (Eisengießereien, Maschinenbau usw.). – **Eisenfabriken um Birmingham**: Birmingham, damals die viertgrößte Stadt u. nach Manchester die bedeutendste Fabrikstadt Englands, verdankte seine Bedeutung vor allem den Verbesserungen der Dampfmaschinen, die hier Ende des 18. Jh.s von James Watt (1736–1819) und Matthew Boulton (1728–1809) entwickelt worden waren u. die Ausbeutung der nahen Kohlen- u. Eisenerzlager erleichterten. – **Lanzier-Regimenter**, mit leichten Lanzen bewaffnete Nationalkavallerie. – **Wie sie ganz richtig andeuteten**, vgl. die vorhergehende Korrespondenz. – **liquids** (engl.), Flüssigkeit.

82 Remember, Remember! Der Organismus ein Eckstein

Textgrundlage – E: NP(K)Z Nr. 264, 10.11.1864. W: UK S. 409 f.

Remember, remember, the fifth of November (engl.), gedenkt, gedenkt des 5. November! Tag des Dankes der mißlungenen Pulververschwörung von 1605, an dem einige fanatische Katholiken versuchten, die protestantische Regierung Jakobs I. von England mitsamt seinem Parlament in die Luft zu sprengen. – **Guy Fawkestag**: Guy Fawkes (ca. 1570–1606), engl. Verschwörer, militär. Fachmann der v. Robert Catesby angeführten Verschwörergruppe, wurde nach vorzeitiger Entdeckung des Attentats verurteilt u. hingerichtet. Der Tag des mißlungenen Anschlags wird bis heute als Guy Fawkes Day gefeiert. F. erwähnt ihn in seinem Tagebuch am 5. Nov. 1856 (GBA T 1, S. 193) u. in einem Brief an Ludwig Metzel, 5. Nov. 1856: „Heut Abend verbrennt man, unter dem Jubel des Volkes, die übliche Guy-Fawkes Puppe; das bedeutet ein gerettetes England“ (HFA IV, 1, S. 443 f.; vgl. auch F.s „Oxford“-Vortrag (1860), HFA III, 3/1, S. 585 f.). – **Pantalons**: lange, röhrenförmige Beinkleider, wie sie der pantalone, komische Figur der Commedia dell'arte, trägt. – **„Flüche in Versen“**: Anspielung auf Georg Herweghs Gedicht „Gegen Rom“ (1841); entsprechend auch die Wendung „Flüche gegen Rom“ in „Frau Jenny Treibel“, 3. Kap. (HFA IV, S. 318). – **„Papisten“**: abwertend für Katholiken als Anhänger
83 von Papst und Papsttum. Der Ruf war: No Popery! – **„Agag“**: Amalektitischer König in bibl. Zeit, nach 1. Sam. 15, 8–9 u. 32–33, v. Saul besiegt u. vom Propheten Samuel getötet; hier für „Erbfeind“ stehend. „Gelesen (Samuel und Saul).“ verzeichnet F.s Tagebuch am 27. Juni u. 4. Juli 1858 (GBA T 1, S. 334 f.). – **„Baal“**: Name vieler syrisch-palästin. Götter, denen in bibl. Zeit der Kampf der alttestamentarischen Propheten galt. – **Robinson**: Anspielung auf Daniel Defoes 1719 erschienenen Abenteuerroman „The Life and Strange Surprizing Adventures of Robinson Crusoe, of York, Mariner ...“; Robinson als Prototyp natürlichen, individualistischen Lebens. – **Bumble**: Anspielung auf den selbstgefälligen Armenhausvorsteher Bumble in Charles Dickens' (1811–1870) Roman „Oliver Twist, or, The Parish Boy's Progress“ (1837/38). – **Cameronianer**: Richard Cameron (um 1648–1680), schott. presbyterianischer Theologe u. Prediger, begründete mit Donald Cargill die antikathol. Richtung der Cameronianer, sog. Reformed Presby-

terians, Gegner des anglikanischen Episkopalsytems. – **Provinz Ulster**: Das ursprüngl. altir. Königreich Ulster im Norden Irlands kam 1461 durch Edward IV. (1442–1483) an die engl. Krone. Seit 1609 siedelten sich im Rahmen des „Ulster Plantation Plan" in Londonderry, Tyrone, Donegal u. Cavan protestant. Schotten u. Engländer an.

Die Bourgeoisie und die Arbeiter Was John Bright den Arbeitern gönnt und was nicht Die Blaubücher des Elends *84*

Textgrundlage – E: NP(K)Z Nr. 25, 25.1.1865. W: UK S. 438–441.

John Bright, s. Anm. zu S. 6. – Richard **Cobden** (1804–1865), *85* engl. Nationalökonom u. Politiker (Wirtschafts- u. Außenhandelspolitik), führender Vertreter der Manchesterschule, seit 1841 radikal-liberales Mitglied des Unterhauses, erwirkte 1846 die Abschaffung der Getreidezölle u. 1860 den nach ihm benannten brit.-frz. Handelsvertrag. – **„Katze aus dem Sack gelassen"**: Formulierung in Anlehnung an das engl. Sprichwort „Let the cat out of the bag", das William Cobbett (s. Anm. zu S. 58) zum Titel seiner bekannten Schrift machte: „French Arrogance, or ‚The cat let out of the bag'; a Poetical Dialogue Between the Envoys of America, and X. Y. Z. and the Lady", Philadelphia 1798. – **Cheers** (engl.), Beifallsrufe. – **Faktorei-Akte** (engl. Factory Acts), Arbeiterschutzgesetz. – **So sprach ... John Bright**: Die „Times" brachte am 20. Jan. 1865, S. 9, *86* Brights Rede vor der „Birmingham Chamber of Commerce" vom 19. Jan. 1865, aus der in der Korrespondenz – frei übersetzt – zitiert wird: „I was not against shortening the hours of the workpeople, but was, on the contrary in favour of it; but I did not think the Government ought to interfere with the free action of labour in the trade with which I was connected, and in every trade in the country. [...] I do not know how far the investigation will go, nor whether it will reach to the children of the agricultural labourers – those little boys who are engaged in frightening the birds. (Laughter). I wonder whether it will be insisted that they shall not do it under a certain age, and he made necessary to send them to school from a certain period. If the country thought that, I am not at all sure that they would be so enthusiastic for these Bills as they

are. (Laughter and cheers).“ – **„Blaubücher des Elends“**, vgl. Anm.
88 zu S. 57. – The **Daily Telegraph** (& Courier), London 1855–1969, täglich in hoher Auflage erscheinendes liberales Pennyblatt.

89 Irische Auswanderung und parlamentarischer Eifer

Textgrundlage – E: NP(K)Z Nr. 45, 22.2.1865. W: UK S. 452 f.

„Daily Telegraph“, s. Anm. zu S. 88. – **Sir Robert Peel** (1822–1895), brit. Staatsmann, 1861–1865 unter Palmerston Minister für
90 Irland. – **Zwei Tage später**, vgl. „Parliamentary Intelligence. House of Commons, 15. Feb.“ in: „Times“, 16. Febr. 1865, S. 6. – **Whipper-in** (engl.), parlamentarischer Geschäftsführer. – Vincent **Scully** (1810–1871), ir. Politiker, Mitglied d. Unterhauses, Verfechter der ir. Landreform. Der Inhalt s. Rede über „Irish Benefices“ ist dem Parlamentsbericht der „Times“ vom 15. Febr. 1865, S. 6, entnommen.

91 Der Whipper-in und die Pluralisten

Textgrundlage – E: NP(K)Z Nr. 70, 23.3.1865. W: UK 466–468.

Henry Bouverie William **Brand** (1814–1892), seit 1884 Viscount Hampden, liberales Mitglied des Unterhauses, 1859–1866 Sekretär des Schatzamtes u. „Einpeitscher“ der liberalen Regierung Palmerston/Russell. – **Whipper-in**, s. Anm. zu S. 90. – **Firma Palmerston-Russell**: Premierminister/Außenminister; zu Palmerston s. Anm. zu
92 S. 21, zu Russell s. Anm. zu S. 144. – **Eisenbahn-Bill**: Ein Leitartikel der „Times“ v. 15. März 1865, S. 8 f., hatte die Verwerfung der Bill zum Thema. – Leonard **Edmunds** (um 1802–1887), Staatsbeamter, bekannt geworden durch den mit seinem Namen verbundenen „Edmunds’ Case“, eine Schadensersatzklage gegen die brit. Regierung. – Sir Thomas **Dakin** (1808–1889), Teehändler, 1861–1889 Londoner Ratsherr, 1864–1865 Sheriff von London. – **Direktoren-Vidi** (vidi, lat.: ich habe gesehen): schriftl. Bestätigung über die Einsichtnahme eines Schriftstücks.

94 Neue Gaunerstückchen

Textgrundlage – E: NP(K)Z Nr. 75, 29.3.1865. W: UK 471 f.

Zum Derby-Tag 96

Textgrundlage – E: NP(K)Z Nr. 126, 1.6.1865. W: UK S. 495–498.

In seinen Reisebildern beschreibt Heinrich Heine den ersten Eindruck von Göttingen: Heines (1797–1856) letzter Eindruck von Göttingen in „Reisebilder I", „Die Harzreise". – **mensa** (lat.), Tisch, Tafel. – **kietern**, hier soviel wie schachern, feilschen. – **„Brahma", „Audax", „Ariel" ...**: Die Namen stammen aus der „Times"-Rubrik „Sporting Intelligence" vom 29. Mai 1865, S. 9 („Programme of the Epsom Summer Meeting" u. „Tattersall's, Saturday Afternoon"). Das Pferd „Barbarossa" hat er allerdings hineingeschmuggelt; im Kontext signifikant für die sublime polit. Feder F.s, die in dieser Korrespondenz die gespannte engl.-preuß. Großwetterlage nach dem deutsch-dän. Krieg 1864 andeutet. – **„Derby-Day"**: 98
Aus s. Abneigung gegenüber dem seit 1780 alljährlich Ende Mai ausgetragenen Wettrennen für dreijährige Pferde auf der Rennbahn von Epsom hat F. nie einen Hehl gemacht u. das Ereignis nur in ironischen Zusammenhängen erwähnt: „Alt-England an allen Zeitungsbureaus zu Tausenden versammelt, um die Resultate des Derby-Rennens zu hören; chacun à son goût. ‚Daniel O'Rourke' hat gewonnen, ich wüßte nicht was mir gleichgültiger wäre" (26. Mai 1852, GBA T 1, S. 18). Auch das mit dem Derby-Day verbundene bunte Treiben quittiert er mit „Schön aber langweilig" (29. Mai 1857, ebd. S. 124). – **„Tiger"** (engl. slang), livrierter Bedienter, Page. – **Groomzwerg**: kleiner livrierter Bursche; die Verwendung des engl. Wortes „groom" mehrfach bei F., vgl. z. B. s. Brief an Wilhelm u. Henriette v. Merckel, 23. Aug. 1857 (HFA IV, 1, S. 584), „Schach von Wuthenow", 4. u. 6. Kap. (HFA I, 1, S. 575 u. 593). – **ostindischen Nabobs**: F.: „Repräsentanten jener höchsten Form selbstsüchtigen Geldprotzentums, das, unter dem Namen der ostindischen Compagnie, ein Jahrhundert lang und länger, eine halbe Welt regierte. [...] das bekannte Durcheinander von Dünkel und Brutalität, von stierköpfigem John Bulltum und Paschalaunen [...], das alle diese Nabobs charakterisiert" (Theaterkritik von Gottschalls „Pitt und Fox", 1874, in: HFA III, 2, S. 180). – **Wiesen von Epsom**: Auf Epsom Downs, nahe Epsom, Surrey, finden alljährlich im Mai/Juni die großen Pferderennen Derby u. Oaks statt. – **Berliner Stralauer Fischzug**: Bis auf das Jahr 1464 zurückgehendes Volksfest auf den Wiesen um die Stralauer Kirche herum mit Wür-

felbuden, Gauklern, Bierzelten u. Knoblauchwurstständen. Ursprünglich ein Kirchweihfest, alljährlich am 24. August, dem Bartholomäustag, Tag des Schutzheiligen der Kirche zu Stralau, feierlich begangen, nahm nach der Reformation u. seit der Fischereiordnung des Kurfürsten Johann Georg v. 23. Febr. 1574 als Beginn des Spreefischfangs mit der ersten Ausfahrt der Fischerboote einen anderen Charakter an. Popularität gewann das Fest besonders, nachdem sich seit 1780 der königliche Hof daran beteiligte. Spree und Wege waren, wie es in der Chronik heißt, „schwarz von Menschen", die Schulen hatten unterrichtsfrei, Tausende gaben ihr letztes Geld aus für die Vergnügungen dieses einen Tages. Julius von Voß widmete – von König Friedrich Wilhelm beauftragt – dem Stralauer Volksfest ein zweiaktiges Stück, das am 7. Nov. 1821 im Königl. Opernhaus uraufgeführt wurde, u. Louis Schneider, wie F. Mitglied des Berliner Dichtervereins „Der Tunnel über der Spree", gab ihm 1835 in seinen „Bildern aus Berlins Nächten" dichterische Gestaltung. Am 24. Aug. 1893 soll der Stralauer Fischzug zum letzten Mal stattgefunden haben. Stralau beliebtes Ausflugsziel in F.s Romanen; vgl. z. B. „L'Adultera", 8. Kap. „Auf der Stralauer Wiese" (HFA I,
99 2, S. 51), „Irrungen, Wirrungen", 3. Kap. (ebd. S. 329 f.). – **Oaks-Rennen**: Seit 1779 und damit ein Jahr älter als die Derby-Rennen; sie fanden alljährlich am Freitag nach dem Derby-Day statt. – The **Sunday-Times**, seit 1822 in London erscheinendes konservatives Sonntagsblatt. – **des Kaisers**, gemeint ist Napoleon III., s. Anm. zu S. 34. – **Sandgaul**: Eine Wortschöpfung Fontanes? – vielleicht in Analogie zu „Sandkracke", womit der Berliner den alten Gaul des seinerzeit täglich durch die Straßen ziehenden Sandlieferanten bezeichnete.

100 Ein Lachs in der Themse

Textgrundlage – E: NP(K)Z Nr. 131, 8.6.1865. W: UK S. 502.

Tames-Angling-Protection-Society, es muß heißen „The Thames Angling Preservation Society". Der Text ist von dem unter diesem Titel abgedruckten Artikel in der „Times" vom 25. Mai 1865, S. 7, inspiriert; darin sind auch die 40 000 Fische erwähnt. – **Billingsgate**, im Osten Londons gelegener Fischmarkt. – **Alderman** (engl.), Ratsherr; der Klammersatz trägt bereits die individuelle Signatur des Romanciers F. – **Ikeley** (Ukelei), von F. mehrmals erwähnte Karpfenart, vgl. z. B. „Cécile“, 14. Kap. (HFA I, 2, S. 231), „Irrungen, Wirrungen“, 13. Kap. (ebd. S. 391).

To the sea-side. Das Kabel 101

Textgrundlage – E: NP(K)Z Nr. 187, 12.8.1865. W: UK S. 532–535.

Abd-el-Kader (1808–1883), 1830–1842 Emir in Algerien, lebte später in Damaskus, wo er sich 1860 der von den Drusen verfolgten Christen annahm. „Departure of Abd-el-Kader“ überschrieb die „Times“ ihren Artikel vom 7. Aug. 1865, S. 7, der als Stoffquelle in Betracht kommt. – **Courtoisie** (frz.) Höflichkeit, Ritterlichkeit. – Sir Anthony **Panizzi** (1797–1879), Bibliothekar, 1856–1866 Direktor des Brit. Museums in London. An ihn hatte F. seinerzeit sein Gesuch zur Benutzung des Lesesaals des Brit. Museums zu richten; vgl. s. Tagebucheintragung v. 6. Juni 1856 (GBA T 1, S. 126). – **Prinz Satsuma**, i. e. Prinz Hitotsbashi, seit 1866 Shogun von Japan; die „Times“ berichtete darüber am 2. Aug. 1865, S. 9: „Visit of Japanese to Bedford“. – **hiesigen Blätter**: Zwischen dem 3. u. 8. Aug. 1865 brachte die „Times“ mehrere Artikel zur mißglückten Verlegung des transatlantischen Telegraphen-Kabels. Es war das dritte Mal nach 1857 u. 1858, daß das Kabel riß. Am 7. Juli 1866 glückte schließlich die Verlegung. – **Kompanie**: „Atlantic Telegraph Company“ auf der ir. Insel **Valentia**; von dort aus wurden die ersten 102
transatlantischen Kabel verlegt. – **Punch**. The London Charivari, London 1841–1992, bekanntes satirisch-humoristisches Wochenblatt. – **Guttapercha**, kautschukähnlicher Saft, vorzugsweise für Kabelumhüllungen genutzt.

Eine Fahrt in der Luftdruck-Eisenbahn 104

Textgrundlage – E: NP(K)Z Nr. 270, 17.11.1865. W: UK S. 592 f.

Die Londoner **Luftdruck-Eisenbahn** wurde am 7. Nov. 1865 eingeweiht u. diente der Gepäckbeförderung vom General-Post-Office zu den Terminals of London and North Western Railway; dem „Times“-Bericht vom 8. Nov. 1865, S. 10 („The Pneumatic Despatch“) sind Einzelheiten für die Korrespondenz entnommen. – 1 engl. **Fuß**

= 0,3048 m. – Ivan Stepanovic **Mazeppa** (1644–1709): Das Leben des berühmten Kosakenhetman, der wegen seines Liebesabenteuers mit der Frau eines poln. Edelmanns von diesem, nackt auf den Rücken seines eigenen Pferdes gebunden, vertrieben wurde, war beliebter Stoff in Lit. u. Kunst des 19. Jh.s.

106 Rinderpest und Fleischpreise

Textgrundlage – E: NP(K)Z Nr. 276, 24.11.1865. W: UK S. 596 f.

Zur 1865 seit Monaten grassierenden **Rinderpest** erschienen in der „Times“ regelmäßig Artikel, überschrieben „The Cattle Pleague“, dazu Stellungnahmen in Leitartikeln u. Leserbriefen. – **Punch**,
107 s. Anm. zu S. 102. – **John Bull**, s. Anm. zu S. 49.

108 Boxing-day. Vergnügungsunfähig Dr. Lancasters Weihnachts-Rapport

Textgrundlage – E: NP(K)Z Nr. 306, 31.12.1865. W: UK S. 609 f.

„boxing-day“ (engl.), der zweite Weihnachtsfeiertag. – **Clerks** (engl.), die Büroangestellten, so häufig bei F. (z. B. „Von der Weltstadt Straßen“. ‚Die große Post‘, HFA III, 3/1, S. 542). – **„Ein Sommer in London“** (1854). „Das Leben ein Sturm“ (HFA III, 3/1, S. 115). Karl Buchheim schreibt in s. „Geschichte der Kölnischen Zeitung“: „Ein wenig seltsam mutet uns die weit verbreitete Sitte der Schriftsteller an, unter dem Deckmantel der Zeitungsanonymität für sich selbst und für eigene Werke Reklame zu machen. Beispiele dafür finden sich bei dem Schlesier Eduard Pelz und dem Nürnberger Mayer, aber auch bei Mügge, Florencourt und sogar dem Professor Nöggerath. Scherer behielt die Praxis, von sich selber zu berichten, in seinen Briefen aus den verschiedensten Aufenthaltsorten bei. Alle Grenzen des guten Geschmacks aber überschritt der züricherische Mitarbeiter Treichler, der in seinen Artikeln [...] überhaupt kaum je von etwas anderem als von sich, seinen sozialistischen Bestrebungen und von den Verfolgungen, die er zu erdulden habe, erzählte, natürlich immer in der dritten Person wie von einem Fremden.“ („Die Geschichte der Kölnischen Zeitung, ihrer Besitzer und Mitarbeiter.“ Bd. 2, „Von den Anfängen Joseph DuMont's bis zum Ausgang der deutschen bürgerlichen Re-
110 volution. 1831–1850.“, Köln 1930, S. 82 f.) – **Lektüre der Zeitun-**

gen: Armenhäuser u. Refugee-Organisationen veröffentlichten zum Jahresende ihre Berichte und riefen gleichzeitig zu Spenden auf. – **Viktualien**: Lebensmittel; v. F. auch in anderen Zusammenhängen verwendet (z. B. „Ein Sommer in London." ‚Parallelen', HFA III, 3/1, S. 169). – **Coroner** (engl.), Untersuchungsrichter in Fällen unnatürlichen Todes. – **Lancaster**: eigentl. Lankester, vgl. „Times", 21. Dez. 1865, S. 5: „Child Murder".

Eine Nacht im Armenhause 112

Textgrundlage – E: NP(K)Z Nr. 22, 27.1.1866. W: UK S. 627 f.

Selfgovernment, s. Anm. zu S. 78. – **Inferiores** (lat.), die Untergebenen. – **Paupers** (engl.), die Armen. – **Da hat sich ein Curtius gefunden ...**: Anspielung auf die römische Sage von Marcus Curtius, der sich im Jahre 362 v. Chr. durch einen Sturz in den Abgrund für sein Vaterland opferte. Am 19. März 1856 hatte F. im Londoner Theatre Royal Drury Lane den engl. Schauspieler Samuel Anderson Emery in der Rolle des Marcus Curtius als lebendes Bild erlebt; vgl. seine Tagebucheintragung: „Marcus Curtius in die Erdspalte springend [...]. Das Pferd [...] war von Pappe" (GBA T 1, S. 97). – **Armenhaus von Lambeth**: The Lambeth Casual Ward im Stadtteil Southwark auf dem rechten Themseufer. – **Sodom und Gomorrha**: Nach 113
1. Mose 19 Namen zweier bibl. Städte, die mit „Schwefel und Feuer" vernichtet wurden; in Anspielung darauf sprichwörtlich für „lasterhafte Zustände"; die Wendung findet sich mehrfach bei F. – **„Charity"** (engl.), Nächstenliebe, Wohltätigkeit. – **„Pall Mall Gazette"**, konservatives Londoner Penny-Abendblatt (1865–1923). – **„Eine Nacht im Armenhause"**: James Greenwood „A Night in a Workhouse", London 1866. Die „Times" druckte den Text in drei Fortsetzungsfolgen am 13. (S. 5), 15. (S. 12) u. 16. Jan. (S. 10) 1866 ab, auf die der 1. Leitartikel v. 18. Jan. 1866 (S. 8) u. mehrere Leserbriefe respondierten.

„O Mutter, so was hab' ich nie gesehn" 114

Textgrundlage – E: NP(K)Z Nr. 32, 8.2.1866. W: UK S. 630 f.

Jamaika: Nachrichten von einer Negerverschwörung gegen die brit. Plantagenbesitzer in Morant Bay auf Jamaika im Oktober 1865 beschäftigten die engl. Presse, seit deren Ausbruch bekannt geworden war. Berichte über das rücksichtslose Einschreiten des brit. Gouverneurs der Insel, Edward John Eyre (1815–1901), und die praktizierten unmenschlichen Grausamkeiten erregten die öffentliche Meinung Englands. Die Regierung suspendierte Eyre, der indes in dem folgenden Untersuchungsverfahren straffrei blieb. Stehende Rubrik in der „Times" zu jener Zeit: „The Jamaica Insurrection". – Sir Alexander Bercromby **Nelson** (1814–1893), brit. Brigadegeneral. – J. **Gordon**, Baptistenprediger, Mitglied d. Unterhauses v. Jamaica, Anführer d. Aufstandes vom Oktober 1865, vom brit. Gouverneur Eyre hingerichtet.

116

Der Baron of Beef in Gefahr
Die Kaninchen rücken an
„Zivilisation ist Ökonomie der Kraft"
Die schwarzen Diamanten

Textgrundlage – E: NP(K)Z Nr. 41, 18.2.1866. W: UK S. 632–634.

Rinderpest, s. Anm. zu S. 106. Die Korrespondenz ist mit Bezug u. in Übereinstimmung mit dem 1. Leitartikel der „Times" v. 13. Febr. 1866, S. 8 f., geschrieben. – **Selfgovernment**, s. Anm. zu S. 78. – **gestern im Unterhause**: Es ging um eine Gesetzesvorlage zur Rinderpest; vgl. Parlamentsbericht Unterhaus: „The Cattle Pleague", „Times", 13. Febr. 1866. – **der langen Rede kurzer Sinn**: die Wendung ist Friedrich v. Schillers (1759–1805) Drama „Piccolomini" (1800), I, 2 entlehnt: „Was ist der langen Rede kurzer Sinn?" –
117 **carnis vulgaris** (lat.), gewöhnliches Fleisch. – **Vom Minister ... bis zum ... Fortschrittler**: Gemeint sind der Innenminister des Ministeriums Russell, Sir George Grey (1799–1882) u. der Parlamentarier Hunt, die als Hauptredner aufgetreten waren. – **Liebig ... Ökonomie der Kraft**: Justus Liebig (1803–1873), seit 1843 Freiherr v. L, dt. Chemiker, u. a. Verfasser der Schrift „Die organische Chemie in ihrer Anwendung auf Agrikulturchemie und Physiologie" (1840). Die hier Liebig zugeschriebene Sentenz kehrt als Variante wieder in F.s Roman „Cécile" als „Ökonomie der Kräfte" (9. Kap., HFA I, 2, S. 186). – William George **Armstrong** (1810–1900), engl. Ingenieur; das von ihm entwickelte Hinterladungsgeschütz, die sog. Armstrong-Kanone, erfüllte die in es gesetzte Erwartungen nicht. –

Geognostiker: Geologe, der die Zusammensetzung der Erdrinde erforscht. – Karl Freiherr v. **Reichenbach** (1788–1869), dt. Chemiker 118
u. Naturphilosoph, zahlreiche Veröffentlichungen über s. Naturkraftlehre vom „Od", z. B. 1866 „Aphorismen über Sensitivität und Od".

Reformbill und Derby-Rennen 119
Eine „Kunst des Arretierens"

Textgrundlage – E: NP(K)Z Nr. 92, 21.4.1866. W: UK S. 660f.

Reformbill: Gemeint ist die Unterhausdebatte über den Gesetzentwurf zur Reform des Wahlrechts. War bisher wahlberechtigt nur, wer Grundbesitz besaß und Steuerabgaben leistete, so bekam durch das neue Wahlgesetz jeder Inhaber einer städt. Wohnung Wahlrecht. Damit gewann der engl. Parlamentarismus mit einer nahezu verdoppelten Wählerschaft eine breitere demokratische Grundlage. – **Derby-Rennen**, vgl. Anm. zu S. 96.

Wunsch nach einem geliehenen Präfekten 121
In den Schnee geschrieben

Textgrundlage – E: NP(K)Z Nr. 10, 12.1.1867. W: UK S. 742f.

Selfgovernment, s. Anm. zu S. 78. – **Lewisham**, südöstl. gelegene Vorstadt v. London. – **Napoleon** III., s. Anm. zu S. 34. – Lucien Davésies **de Pontes**, Verfasser von „Social Reform in England", London, New York 1866.

Der „Cousin aus der Provinz" 124
Der Schirm

Textgrundlage – E: NP(K)Z Nr. 50, 28.2.1867. W: UK S. 755–758.

Die Anregung zu diesem Artikel dürfte der Bericht „The Ladies' Gallery of the House of Commons" in der „Times" vom 21. Febr. 1867, S. 6 („Parliamentary Intelligence") gegeben haben. – **Constabler** (engl.), Wachtmeister, Wachtposten. – **„honorable Mem-** 127

ber" (engl.), ehrenwertes Mitglied (des Unterhauses). – **Sergeant-at-Arms** (engl.), parlamentarischer Ordnungsbeamter. – Ralph **Bernal Osborne** (1814–1882), mit kurzen Unterbrechungen 1841–1874 liberales Mitglied des Unterhauses. – **coram publico** (lat.), hier: vor versammeltem Haus.

128 Arbeiter-Feme in Sheffield

Textgrundlage – E: NP(K)Z Nr. 146, 26.6.1867. W: UK S. 784–788.

Sheffield, Fabrikstadt in der W-Hälfte von Yorkshire, berühmt vor
129 allem durch seine Eisen- u. Stahlerzeugnisse. – **stenographischen
Berichte**: Die „Times" druckte die Verhörprotokolle unter der Überschrift „The Sheffield Trades Union Commission" regelmäßig ab; Details der Korrespondenz sind den Ausgaben vom 21. u. 22. Juni 1867 entnommen, die die aufsehenerregenden Bekenntnisse Broadheads enthielten. – **Apotheose Kains**, Verherrlichung des Brudermörders Kain als Verkörperung des Bösen; die Formulierung spiegelt vielleicht die zunehmende Bedeutung der Gestalt Kains als lit. Figur in dieser Zeit. – Maximilian de **Robespierre** (1758–1794, hingerichtet), führender Kopf der frz. Revolution. – William **Broadhead** (1815–1879), Sekretär der „Saw Grinders' (Messerschleifer) Union", gefürchtet als „the reign of terror" in Sheffield 1867. – **Bravo** (ital.), Meuchelmörder. – **„eine reine Brust gemacht"** (wörtl. übersetzt:
130 made a clean breast), gestanden. – **in majorem gloriam rei publicae**
(lat.), zum größeren Ruhme des Staates, Analogiebildung zu „Ad maiorem Dei gloriam" aus den „Dialogi" I,2 Gregor d. Gr.
131 (540–604). – **„rattening"** (engl.), Sabotage betreiben; das Wort
taucht im Leitartikel v. 22. Juni 1867, S. 11, zum selben Thema auf.

133 Das Tory-Kabinett und Irland

Textgrundlage – E: NP(K)Z Nr. 221, 21.9.1867. W: UK S. 812 f.

Tory-Kabinett, 1866–1868 hatte Großbritannien eine Tory-Regierung unter den Premiers Edward Stanley, Earl of Derby (1799–1869) und Benjamin Disraeli (1804–1881), späteren Earl of Beaconsfield. – **Fenier**, s. Anm. zu S. 66, Stichwort: Tropfen politischer Tinktur. Nachdem in der zweiten Hälfte der 1860er Jahre die wichtigsten Anführer des Fenierbundes verhaftet u. inhaftiert worden waren, begannen deren Anhänger sich vorübergehend zu zerstreuen. – **Orangisten**: Bezeichnung für die Anhänger der engl.-protestantischen Partei in Irland; bei ihnen hatte das agitatorische Vorgehen der Fenier Gegenreaktionen ausgelöst. – **das irische Ehegesetz**, vgl. dazu die Korrespondenz S. 60 ff., „Der Yelverton Prozeß", auf den hier angespielt wird.

Die schwindende Betäubung Vorschläge zu Friede und Versöhnung Londoner Nebel 135

Textgrundlage – E: NP(K)Z Nr. 1. 1.1.1868 (Beilage). W: UK S. 822–826.

Explosions-Attentat der Fenier: Bei dem Anschlag auf das Gefängnis im Londoner Stadtteil Clerkenwell, durch den die Befreiung von Gesinnungsgenossen erzwungen werden sollte, kamen fünf Menschen ums Leben. Die Korrespondenz nimmt Gedanken des 1. Leitartikels der „Times" vom 24. Dez. 1867, S. 6, auf. – The **Spectator**, 1828 in London gegründete liberale Wochenschrift. – **griechisches** 137
Feuer: Mischung leicht brennbarer Explosivstoffe, deren Zusammensetzung ein Geheimnis der Byzantiner blieb; vgl. z. B. die Erwähnung in „Vor dem Sturm", 1. Bd. 2. Kap. (HFA I, 3, S. 15). – **Brixton**, Surrey, südl. Vorstadt v. London. – **blowing-up** (engl.), 139
Explosion. – **boxing-day**, vgl. Anm. zu S. 108.

Reaktion gegen die Fenierfurcht Not im Ost-End. Baby-Farming 1000 Lstr. im Klingebeutel 141

Textgrundlage – E: NP(K)Z Nr. 14, 17.1.1868. W: UK S. 828 f.

Fenierfurcht, vgl. Anm. zu S. 66, Stichwort: Tropfen politischer Tinktur; inhaltlicher Bezug zum 3. Leitartikel der „Times" v. 8. Jan. 1868. – **Southwark**, auf dem rechten Ufer der Themse gelegener 142
Stadtteil Londons. – **Tower-Hamlets** (Hamlet, engl. Weiler, Flecken): zusammenfassende Bezeichnung für die Randgebiete Ost-Londons; verwendet auch in „Ein Sommer in London." ‚Straßen, Häuser, Brük-

ken und Paläste', HFA III, 3/1, S. 28. – **Bethnal-Green**, im Londoner Osten gelegener Stadtteil. – **baby-farmings** (engl.), Säulings(pflege)-anstalten. – **Notori(e)tät**, hier soviel wie: schlechter Ruf.

144 Reform im Schulwesen. Mr. Lowes Vorschläge „John Bull" und das Reisejournal der Königin

Textgrundlage – E: NP(K)Z Nr. 25, 30.1.1868. W: UK S. 831–833.

Das ... viel zitierte Wort: „[...] wenn die Preußen die Österreicher schlugen, es ein Sieg der preußischen Schulmeister über die österreichischen Schulmeister gewesen sei", Oskar Peschel in „Die Lehren der jüngsten Kriegsgeschichte", in: „Ausland" Nr. 29, 17.7.1866, S. 695. Vgl. dazu F.s Schlußgedanken in „Der deutsche Krieg von 1866", Bd. 2, S. 334 f. – **Sadowa**: Die Schlacht zwischen Sadowa u. Chulm am 3. Juli 1866, auch Schlacht bei Königgrätz genannt, entschied den preuß.-österreichischen Krieg von 1866. – Nikolaus von **Dreyse** (1787–1867), Erfinder des Zündnadelgewehrs, eines Hinterladers. – Claude Etienne **Minié** (1814–1879), frz. Offizier, Erfinder des nach ihm benannten Gewehrs. – **Regulative**, regelnde Anordnung, Verfügung. – John **Russell** (1792–1878), seit 1861 Earl R., brit. Staatsmann, ab 1813 als Whig Mitglied d. brit. Unterhauses, verschiedene Ministerämter, u. a. 1846–1852 u. 1865–1866 Premierminister, 1859–1865 unter Palmerston Außenminister. – **Virchowisches**: Rudolf Virchow (1821–1902), dt. Politiker u. Mediziner, 1861 Mitgründer der Deutschen Fortschrittspartei, seit 1862 Mitglied des preuß. Abgeordnetenhauses, Gegner Bismarcks im Verfassungskonflikt. – Robert **Lowe**, Viscount Sherbrooke (1811–1892), brit. Staatsmann u. Journalist, seit 1852 liberales Mitglied des brit. Unterhauses, 1860–1864 unter Palmerston Unterrichtsminister, 1868 unter Gladstone Schatzkanzler. Kritische Auseinandersetzung mit Lowes Vorschlägen zur „National Education" in Leitartikeln der „Times" vom 24., 25. u. 27. Jan. 1868; der Rede Lowes, abgedruckt in der „Times" v. 24. Jan. 1868, sind Einzelheiten für die Korrespondenz entnommen. – **Lord Johnnie**,
145 i. e. John Russell. – **John Bull**, London 1820–1892, freisinnig-konservatives Wochenblatt. – **Arthur Helps** (1813–1875), engl. Schriftsteller, Herausgeber des Reisejournals Königin Victorias: „Leaves from the Journal of Our Life in the Highlands" (1867). – **bad taste** (engl.), geschmacklos.

Entdeckungsreisen in englischen Schulen 147

Textgrundlage – E: NP(K)Z Nr. 87, 12.4.1868 (Beilage). W: UK S. 841–846.

William Makepeace **Thackeray** (1811–1863), engl. Schriftsteller der viktorianischen Zeit. – **Cornhill Magazine**, 1859 von Thackeray in London gegründetes Monatsmagazin. – **Middle-class-schools** (engl.), Schulen f. den Mittelstand. – **Grammar-schools** (engl.), Gymnasien. – **Russell**, s. Anm. zu S. 144. – Henry Peter, Baron **Brougham** and Vaux (1778–1868), Jurist, brit. Staatsmann u. Publizist, fortschrittlich-liberal, Mitgründer der „Edinburgh Review". – **Disraeli**, s. Anm. zu S. 79. – **„Platform"** (engl.), hier: Bühne. – **„unter einer Wolke"** (wörtl. Übersetzung d. engl. „under a cloud"),
unter Verdacht, in Verruf. – **König Edwards-Schule zu Birming-** 148
ham: Details u. teils wörtliche, teils frei übertragene Zitate zu dieser u. den im folgenden genannten Schulen sind den spaltenlangen „Reports of the School Commission" in der „Times" v. 2.–4. März
1868 entnommen. – **Bosworth**, nahe Leicester. – **Thame**, östl. v. 149
Oxford. – **Reading**, Berkshire, an der Themse gelegen. – **Croyden**, im Süden v. London. – **Botesdale**, im Norden der Grafschaft Suf-
folk. – **Coxwold**, nördl. York, Grafschaft North-Yorkshire. – 150
Hanley Castle, Worcester, West Midlands. – **Butterwick**, nahe „The
Wash", Lincoln. – **König Edward** VI. (1537–1553), Sohn Hein- 151
richs VIII. u. Johanna Seymours, seit 1547 nominell König v. England, ohne zur Herrschaft zu gelangen. – **Friestuch**, dicker flauschiger Wollstoff.

Lord Cardigan 153

Textgrundlage – E: NP(K)Z Nr. 86, 10.4.1868 (Beilage). W: UK S. 846–849.

James Thomas, Earl of **Cardigan** (1797–1868), brit. General, befehligte 1854 bei Balaklawa die als „Totenritt" berühmt gewordene Attacke gegen die Russen. Die „Times" brachte einen Nekrolog am 30. März 1868, S. 12: „The Late Earl of Cardigan", dem einige Details entnommen sind. – **Steeple chase**, s. Anm. zu S. 66. – **Balaklawa**, s. Anm. zu S. 61. – **„Ritt ins Todestal" (wie es in Tennysons**

Liede heißt): „The Charge of the Light Brigade“ (1854), von F. frei
nach Alfred Tennyson (1809–1892) übersetzt in „Balaklawa – der
Angriff der Leichten Brigade. 25. October 1854“ (HFA I, 6,
S. 162–164). – **10. September 1855 ... Es war mein erster Tag in
England**: Vgl. F.s Brief an s. Frau v. 10. Sept. 1855 u. an Ludwig
Metzel v. 11. Sept. 1855 (HFA IV, 1, S. 407 ff.). – **„Sebastopol ist
unser“**, s. Anm. zu S. 61. – **am Strande**: The Strand, eine der Haupt-
verkehrsstraßen zwischen City u. Westend, parallel zur Themse ver-
154 laufend. – **Sabreurs** (frz.), Draufgänger. – Andrew **Johnson**
(1808–1875), demokratischer Präsident der USA 1865–1869. –
perhorreszieren, hier: verabscheuen. – **Wimbledon Common**, süd-
östlich von Richmond Park zwischen Putney u. Wimbledon gelegen,
Stätte der großen Schießübungen engl. Schützenvereine („Rifle Vol-
unteers“). – Harvey Garnett Phipps **Tuckett** (1819–1854), engl.
Oberst, duellierte sich am 12. Sept. 1840 mit Lord Cardigan. –
155 **wilful murder** (engl.), Mord. – **Pair** (engl.: Peer), Angehöriger d.
brit. Hochadels; die frz. Wortform meist bei F., z. B. auch in „Ein
Sommer in London“. ‚Smithfield‘, HFA III, 3/1, S. 105. – Thomas
Baron **Denman** (1779–1854), Lordoberrichter. – **Sir John Camp-
bell** (1779–1861), engl. Jurist u. Publizist, zeitweilig Berichterstat-
ter des „Morning Chronicle“, liberales Mitglied des brit. Unterhau-
ses, 1859–1861 unter Palmerston Lordkanzler. – George William
156 Frederick Brudenell-Bruce, **Marquis von Ailesbury** (1804–1878),
Oberst, 1863–1878 Lord Lieutenant. – Am Paß von **Somo Sierra**,
nördl. von Madrid, fand am 30. Nov. 1808 das siegreiche Gefecht
der frz. Truppen mit 26 000 Mann Fußvolk u. 9 000 Mann Reiterei
gegen 14 000 Spanier statt; der Weg nach Madrid war dadurch frei.
– Bei **Borodino**, ca. 100 km südwestl. v. Moskau, lieferten sich am
7. Sept. 1812 Napoleon I. u. die Russen unter Kutusow eine denk-
würdige Schlacht, an deren Ende sich beide als Sieger rühmten; vgl.
die Beschreibung der Schlacht im Kap. ‚Borodino‘ in „Vor dem
Sturm“ (HFA I, 3, S. 419 ff.).

157

Langeweile in Sicht
Der Rheumatismus des Hauses

Textgrundlage – E: NP(K)Z Nr. 46, 24.2.1869. W: UK S. 896–898.

Pythia, prophetische Apollonpriesterin in Delphi. Die Anspielung bezieht sich auf den 1. Leitartikel der „Times“ vom 17. Febr. 1869,

S. 9, dem auch die Bemerkungen über das neue Parlament entnommen sind. – The **Daily News**, London 1846–1912, liberale Tageszeitung, Organ der Gladstonianer. – **Disraeli**, s. Anm. zu S. 79. – **„Fenier“ gibts nicht mehr**: Diese Feststellung sollte sich nicht bewahrheiten; gegen Ende des Jahres 1869 brach der Fenianismus mit neuen Kräften wieder aus. Zu „Fenier“ s. Anm. zu S. 66, Stichwort: Tropfen politischer Tinktur. – **maiden speech** (engl.), Jungfernrede. – **enfant chéri** (frz.), der Liebling. – Anthony John **Mundella** (1825–1897), engl. Staatsmann, 1868 liberales Mitglied d. brit. Unterhauses, Engagement für Sozialreformen u. Erziehungswesen.

„Der Verräter O'Sullivan“ 160

Textgrundlage – E: NP(K)Z Nr. 112, 16.5.1869. W: UK S. 917 f.

William Henry **O'Sullivan** (1829–1887), ir. Kaufmann, zu der Zeit Bürgermeister (engl. Mayor) von Cork; s. Haus war Treffpunkt der Fenier u. stand jahrelang unter ständiger Bewachung. – **Opera buffa** (ital.), heitere komische Oper. – **Southdown-Widderschädeln**: Das fruchtbare Grasland der South Downs, die sich ca. 130 km westlich v. Eastbourne im Süden von West-Sussex hinziehen, wird von den berühmten South-Downs-Schafherden als Weideland genutzt. – **Attorney General**: Kronanwalt, oberster Ankläger bei Gericht. – John Francis **Maguire** (1815–1872), ir. Verleger u. 161
Hg. des „Cork Examiner“, eines kathol. Blattes mit großem Einfluß im Süden Irlands, seit 1852 Mitglied d. Unterhauses für Cork; er trat für die Selbstverwaltung Irlands ein. – **Barre** (frz.), hier die Schranke, die im brit. Unterhaus einen kleinen Raum neben der Eingangstür vom übrigen Saal abtrennt; von diesem Raum aus haben nicht zum Parlament gehörende Personen die Möglichkeit, „vor der Barre zu stehen“, d. h. auszusagen. – **Feniertum**, s. Anm. zu S. 66, Stichwort: Tropfen politischer Tinktur. – **Mac Downing**, 1869 ir. Mitglied d. Unterhauses. – **Pereat** (lat.: er gehe zugrunde), Ausruf: Nieder mit ihm! – **Vivat** (lat.: er lebe hoch), Ausruf: Hoch! – **Janhagel** (niederländ.: Jan, Narr; Hagel, hergelaufenes Volk), Pöbel, v. F. mehrfach verwendet, z. B. in der Londoner Korrespondenz v. 1857 „Der Schalk als Lakai“ (NFA XVIII a, S. 731).

162 Verschämte Velozipedisten

Textgrundlage – E: NP(K)Z Nr. 196, 24.8.1869. W: UK S. 949 f.

Velozipedist: Das Laufrad (Draisine), das mit dem Abstoßen der Füße vom Erdboden fortbewegt werden mußte, wurde unmodern, nachdem auf der großen Internationalen Industrie-Ausstellung 1867 in Paris der Franzose Michaux ein Veloziped (lat. veloci pede, mit schnellem Fuß) mit Pedalen und Bremsen vorgestellt und im selben Jahr der Engländer Madison Räder mit Drahtspeichen entwickelt hatte. Von da an nahm der Radsport im Inselreich und auf dem Kontinent einen ungeahnten Aufschwung. – **bicycle** (engl.), Zweirad. – **tricycle** (engl)., Dreirad. – **Gamins** (frz.) Straßenjungen. –
163 **John Bulls**, s. Anm. zu S. 49.

164 Engländer und Rheinreise

Textgrundlage – E: NP(K)Z Nr. 216, 16.9.1869. W: UK S. 956.

Daily News, s. Anm. zu S. 157. Das Thema war seit der Affäre des rheinreisenden Macdonald 1860 in England u. Preußen mit gegenseitigen Invektiven sehr populär; vgl. Anm. zu S. 21.

165 Die Irische Landbill und das Clanwesen

Textgrundlage – E: NP(K)Z Nr. 43, 20.2.1870. W: UK S. 984–986.

Irische Landbill: Sie sollte die jahrzehntelangen „agrarischen Verbrechen" beseitigen und die rechtliche Stellung der Pächter sichern. Seit Monaten brachte die „Times" in lockerer Folge „The Land Question of Ireland", eine Fortsetzungsserie von über 30 Artikeln „from our special commissioner", ferner ausführliche Reportagen über die Parlaments-Debatten zur „Irish Land Bill", dazu Leit- u. andere Artikel sowie Leserbriefe. Stoffgebend für diese Korrespondenz dürfte auch die Rezension über „Systems of Land Tenure in various countries. A series of essays published under the sanction of the Cobden Club", London 1870 („Times", 22. Jan. 1870, S. 4) gewesen sein. – **John Bright** (s. Anm. zu S. 6), im damaligen Kabinett Gladstone Handelsminister, hatte sich aus gesundheitlichen

Gründen aus Parlament u. Kabinett zurückgezogen. Als Quelle kommt der Leitartikel der „Times“ vom 9. Febr. 1870, S. 9, in Betracht. – **Sassenachs** (Sachsen), von Schotten u. Iren gebrauchte 167
Bezeichnung für Engländer, welche F. mehrfach verwendet hat. – **Gladstone**, s. Anm. zu S. 79.

Der Nabob 168

Textgrundlage – E: NP(K)Z Nr. 69, 23.3.1870. W: UK S. 991f.

Nabob von Bengalen: Seit 1854 war Bengalen einem eigenen Vizegouverneur unterstellt; Nabob s. Anm. zu S. 98. – **Lever** (frz.), Morgenaudienz. – **Sepoykrieges**, s. Anm. zu S. 1, Stichwort: Delhi. – **welche den Mohr im Fiesco unsterblich gemacht haben**: „Der Mohr hat seine Arbeit getan, der Mohr kann gehen“, aus Friedrich von Schillers (1759–1805) „Die Verschwörung des Fiesco zu Genua“ (1783), III, 4; Anspielung darauf z. B. auch in den Schlußzeilen des F.-Gedichts „Die Alten und die Jungen“ (1896), in: HFA I, 6, S. 350. – **sic iubeo** (lat.), so beschließe ich. – **Kristallpalast**, 169
s. Anm. zu S. 15. – **Brahmaputra-Riesenhühner** (auch: Brahmahuhn), dem Conchinchinahuhn (s. Anm. zu S. 57) ähnliches, aber stattlicheres Federvieh, seit Mitte des Jh.s in Europa eingeführt.

Verfall der Sitten 170

Textgrundlage – E: NP(K)Z Nr. 120, 25.5.1870. W: UK S. 1001f.

Flö(t)zen: Bergmännische Bezeichnung für praktisch nutzbare, plattige Gesteinsschichten (z. B. Erzflöze), die zwischen anderen, weniger wertvollen Schichten gelagert sind. – **beim Besteigen der Roßtrappe**: Die Assoziation dürfte auf F.s kurzen Harzaufenthalt vom 17.–23. Mai 1868 im „Hotel Zehnpfund“ in Thale zurückgehen, als er von seinem Fenster aus den Blick auf die Granitfelsen der Roßtrappe genießen konnte und mit einer siebenstündigen Wanderung eine – nach eigenem Bekunden – für seine „Kräfte“ und seine „danach eingerichteten Prinzipien [...] glänzende Leistung“ vollbracht hatte (F. an s. Frau, 22. Mai 1868, in: HFA IV, 2, S. 205). – **Fenier**: s. Anm. zu S. 66, Stichwort: Tropfen politischer Tinktur. –

Posto fassen, Stellung einnehmen; bevorzugte Wendung F.s, vgl. z. B. Tagebuch 22. April 1858 (GBA T, 1, S. 321), „Ein Sommer in
171 London“, ‚Die Musikmacher‘ (HFA III, 3/1, S. 24). – **rocher de bronze**: Einer Randbemerkung Friedrich Wilhelms I. v. Pr. vom 25. April 1716 zugeschriebenes „geflügeltes Wort“, das soviel bedeutet wie „eherner Fels“; v. F. häufig zitiert.

Abbildungsnachweis

Die vorangestellten *kursiven* Ziffern beziehen sich auf die Seiten der Abbildungen.

ILN The Illustrated London News. London 1842 ff.
Punch Punch. The London Charivari. London 1841–1992

2	ILN vol. 48, 1866.1, p. 608
3	ILN vol. 45, 1864.2, p. 192 (© „bpk“, Berlin, 1998)
12	ILN vol. 38, 1861.1, p. 58 (© „bpk“, Berlin, 1998)
15	Punch vol. 40, 22. 6. 1861 (© „bpk“, Berlin, 1998)
16	ILN vol. 39, 1861.2, p. 182 (© „bpk“, Berlin, 1998)
24	ILN vol. 38, 1861.1, p. 618
31	ILN vol. 44, 1864.1, p. 421 (© „bpk“, Berlin, 1998)
39	ILN vol. 52, 1868.1, p. 264
42	ILN vol. 40, 1862.1, p. 179
46	ILN vol. 40, 1862.1, p. 103
53	ILN vol. 41, 1862.2, p. 277
54	ILN vol. 38, 1861.1, p. 98
65	ILN vol. 43, 1863.2, p. 360
72	ILN vol. 48, 1866.1, p. 397
76	ILN vol. 45, 1864.2, p. 365 (© „bpk“, Berlin, 1998)
78	ILN vol. 45, 1864.2, p. 377
89	ILN vol. 56, 1870.1, p. 472
92	ILN vol. 50, 1867.1, p. 293
97	ILN vol. 48, 1866.1, p. 521

102	ILN vol. 47, 1865.2, p. 181
105	ILN vol. 47, 1865.2, p. 493
106	Punch vol. 49, 18. 11. 1865, p. 199
109	ILN vol. 47, 1865.2, p. 613
119	ILN vol. 48, 1866.1, p. 373
122	ILN vol. 50, 1867.1, p. 101
123	ILN vol. 50, 1867.1, p. 152 (© „bpk", Berlin, 1998)
125	ILN vol. 56, 1870.1, p. 173
126	ILN vol. 50, 1867.1, p. 292
128	ILN vol. 48, 1866.1, p. 17
136	ILN vol. 51, 1867.2, p. 665
138	Punch, vol. 51, 28. 7. 1866 (© „bpk", Berlin, 1998)
140	ILN vol. 50, 1867.1, p. 48
148	ILN vol. 56, 1870.1, p. 349
149	ILN vol. 40, 1862.1, p. 146
158	Punch vol. 56, 27. 2. 1869, p. 81
162	Punch vol. 56, 15. 5. 1869, p. 205
165	ILN vol. 56, 1870.1, p. 381